세르반떼스를 찾아서

세르반떼스를 찾아서

전기순 지음

HU:iNE

서문: 세르반떼스를 찾아서

우리는 쉽게 그들의 모습을 식별한다. 키 크고 깡마른 주인과 땅딸하고 식욕에 사로잡힌 하인. 캐릭터의 걸작 중 돈끼호떼와 산초만큼 시각적으로 우리를 잡아끄는 인물이 있는가? 태어나자마자 그들은 뚜렷한 시각적 특권을 행사한다. 『라만차의 비범한 이달고 돈끼호떼』(이하 『돈끼호떼』)가 출판된 지 반년도 되지 않아, 스페인, 신대륙과 유럽 전역에 걸쳐, 축제 행렬에는 돈끼호떼와 산초의 모습을 본뜬 인형들이 등장했다. 우리는 오디세우스의 모습을, 안나 카레니나의 모습을 기억하고 있나? 『모비 딕』의 에이해브 선장, 『오즈의 마법사』의 도로시, 『이상한 나라의 앨리스』의 앨리스, 피터 팬, 허클베리 핀, 피노키오, 드라큘라, 프랑켄스타인은 가능하다.

당신이 마드리드로 여행을 간다면 쁠라사 데 에스빠냐(스페인 광장)를 모른 척하기가 어렵다. 빨라시오 레알과 쁘라도 미술관이 가까이에 있을 뿐 아니라 구시가지를 어슬렁거리다 보면 이상하리만큼 쁠라사 데 에스빠냐를 자연스럽게 만나게 된다. 그곳에 세 명의 남자가 한 방향으로 어딘가를 바라보고 있다. 돈끼호떼는 로시난떼 등 위에 올라탄 자세로 왼손으로 창을 곧추세우고 마치 누구에게 인사라도 하듯 오른팔은 올리고 손바닥을 활짝 벌리고 있다. 얼굴은 부자연스럽고 예상치 않은 것을 봤다는 듯이 놀란 눈을 하고 있다. 보기에 따라서는 세상을 향해 조롱을 건네는 것처럼 보이기도 한다. 당나귀에 올라탄 산초는 두 손을 각각 허리께에 올리고 무표정한 표정으로 앞을 바라보고 있다. 충실한 하인들이 지니기 마련인 묵묵하고 인내심이 느껴지는 자세. 돈끼호떼와 산초 뒤로는 작가의 대리석 조각상이 있다. 목깃을 두르고 로마식 망토를 걸친 채, 앉은 자세로 세상을 응시하며 미겔 데 세르반떼스 사아아베드라(Miguel de Cervantes Saavedra)는 자랑이나 하듯 무릎 위에 『돈끼호떼』를 세워 제목이 보이도록 오른손으로 움켜쥐고 있다. 그 상들은 우리의 시선을 오래 끌지 못한다. 대화를 나누기에는 지나치게 차갑고 어딘가 매몰찬 기운을 지니고 있다.

알깔라 데 에나레스의 한 광장에 세워진 동상에서 세르반떼스는 20대의 남자를 살고 있다. 당연하다. 알깔라는 그가 태어난 곳이고 유년 시절을 보낸 곳이니까. 숱이 짙은 밤색 머릿결(동상인데도 색을 느낄 수 있다), 풀기가 꼿꼿하게 살아있는 목깃, 미래를 계획하는 듯 미겔은 고개를 약간 숙이고 생각에 잠겨 있다. 또한 미겔은 군인의 패션을 하고 있다. 기사들이 애용하던 긴 에스빠다를 왼쪽 허리에 차고 등에 귀여운 망토를 펄럭이고 활기찬 긴 스타킹을 신었다. 오른손은 월계수 잎을 움켜쥐고 있다. 알깔라의 동상이 젊고 다정하게 느껴진 것은 그날 내가 5월 아침의 까스띠야 태양을 온몸에 받으며 동상을 바라보았기 때문일 수도 있다.

우리는 언제나 늙은 예술가를 만난다. 사진 시대 이전의 예술가들은 백발이거나 삶을 포기한 표정을 짓고 있다. 세르반떼스라고 생각되는 말썽 많은 2개의 초상화가 있다. 1613년 출판한『모범소설집』서문에서 작가는 친구이자 화가인 후안 데 하우레기(Juan de Jauregui)가 자신의 초상화를 그려줬다고 썼다. 이어서 자신의 모습을 구체적으로 묘사한다.

> "저의 친구이자 유명한 돈 후안 데 하우레기가 이 책의 첫 장에 저의 초상화를 그려 놓았습니다. 이로써 저의 소망이 이루어졌고(…) 여기 여러분들이 보는 저는 얼굴이 갸름하고 머리카락은 밤색이며, 쾌활한 눈매와 좌우 균형이 잡힌 매부리코를 하고 있습니다. 검게 반짝이던 20년 전의 수염은 은빛으로 변했고 콧수염은 길고 입은 작은 편이며, 여섯 개밖에 남지 않은 이빨은 그나마 들쑥날쑥 나 있어 서로 맞물리지도 않습니다. 체구는 크지도 작지도 않으며 갈색보다는 흰색에 가까운 피부는 아직은 생기를 띠고 있습니다. 이것이 바로『갈라떼아』와『돈끼호떼』를 쓴 작가의 초상입니다." (말줄임은 필자의 것)

스페인 레알 아까데미아(한림원)는 바로 그 그림을 소장하고 있다. 캔버스 위에는 "D. Miguel de Cervantes Saavedra"라고 정확하게 적혀있다. 아래에는 'Juan de Jaúregui Pinxit 1600"이라고 정확하게 적혀있다. 르네상스와 바로크 시대의 그림들은 대부분 가필된 흔적이 있고 시간이 지나면서 배경은 거의 검은색으로만 남아 있게 마련이다. 하우레기가 그린 초상화 역시 400년이 지난 탓에 배경은 검은색이고, 무대에서 핀 라이트를 받고 있는 배우처럼 세르반떼스의 얼굴만 지나치게 밝아 보인다.

뭔가 이상하지 않은가? 추리 소설이 등장한 이후, 우리는 앞뒤가 빈틈없이 정확하게 맞아떨어질 경우 의심을 해봐야 한다는 교육을 받아왔다. 아니면 천성적으로 의심이 많은 내 기질 때문일 수도 있다. 작가가 자신의 초상화의 존재를 그렇게 정확하게 기록하면, 대개 그런 그림이 존재하지 않는 것이 세상의 이치다. 그렇지 않은가? 진품을 찾아내기 위해 창고를 분해하고, 마룻바닥을 뜯어내고, 미술관 밀실에 레이더를 설치하고, 수많은 그림들이 밑그림을 숨기고 있다는 혐의를 받고 화학 물질을 뒤집어쓰기 마련이다. 하나씩 따져 보자.

1600년에 세르반떼스는 무명작가였다.『돈끼호떼』가 세상에 나오려면 아직 5년을 더 기다려야 한다. 군인과 포로 생활을 지내고 미겔이 마드리드로 귀환한 것은 1580년이었다. 작가로서는 1585년에『갈라떼아』를 낸 것이 전부였다. 목가 소설을 출판하던 이해에 미겔은 결혼을 하지만 아이도 없었고 28개월의 결혼 생활 후 모든 재산을 아내에게 위임한다는 일종의 이별 계약서를 남기고는 에스끼비아스을 떠나 안달루시아로 갔다. 작가의 행보가 이렇게 흘러가면 우리는 저절로 다음 길을 떠올린다. 혼자가 되어 집필에 몰두하거나 세상을 떠돌거나, 그것도 아니라면 불가능한 사랑에 빠져 있거나. 미겔이 세상을 떠돈 것은 사실이다. 여기저기를 다녀야 했고 여관에서 잠을 잤으며 일정한 거처가 없었다. 다만 그는 세금을 걷어 들이는 일을 위해 그런 생활을 했다. 후안 데 하우레기가 미겔의 초상화를 그려 준 1600년은 미겔이 13년 동안의 세금 징수원 생활을 그만둔 해이기도 하다. 하우레기는 마드리드에서 활동한 화가였으므로, 초상화는 미겔이 가족과 합류하여 마드리드에 살 때 그려진 것이 분명하다. 편하게 생각하자. 상당한 돈과 정성이 들어가는 일임에도 불구하고 우정이 초상화를 그렸다고. 친구가 꼭 유명한 사람이라서 초상화를 그려 주는 것은 아니니까. 현재의 관점에서 보면 하우레기는 충분한 보상을 받은 것이다.

이런 질문도 가능하다. 미겔은 왜 13년 전의 초상화를 떠올린 것일까?(초상화는 『모범소설집』이 출판될 무렵 그려진 것일 수도 있다.) 1605년의 『돈끼호떼』 1부 서문에서는 왜 초상화를 거론하지 않았을까? 『돈끼호떼』의 성공으로 미겔은 먼 미래에 사람들이 자신을 기억할 것을 감지하고 초상화의 존재를 알려준 것일까. 아니면 『모범소설집』을 『돈끼호떼』보다 더 소중한 작품으로, 확고한 성취를 이룬 작품으로 생각했을 수도 있다. 『돈끼호떼』의 서문에서 우리는 우물쭈물하는 세르반떼스를 만난다. 『모범소설집』의 서문에서 세르반떼스는 위험할 정도로 자신에 차 있다. 초상화를 거론하고 자신의 모습을 상세하게 묘사하고, 자신이 스페인어로 소설을 쓴 최초의 작가라고 거침없이 주장한다.

하우레기의 초상화에서 53살의 미겔은 실재하는 인물이라기보다는 꾸며낸 인상을 준다. 눈썹은 지나치게 가늘고 길며, 두 눈은 뭔가에 사로잡혀 있다. 양 볼은 움푹 들어가 있고 구부러진 코에 콧수염과 턱수염은 우스꽝스럽게 보인다. 한마디로 말하면, 이 그림은 우리가 알고 있는 돈끼호떼의 모습에 더 가깝다.

까사 또레스 후작(Marqués de Casa Torrés)은 초상화 한 점을 소유했다는 이유로 유명해졌다. 아무런 서명이 적혀있지 않은 그 초상화는 하우레기가 그린 세르반떼스의 진정한 얼굴이라는 주장이 오랫동안 제기되었다. 만화 주인공처럼 보이는 레알 아까데미아의 초상화에 비해 세르반떼스가 묘사한 자화상에 훨씬 가까울 뿐 아니라, 정말 "작가"처럼 보인다.

윌리엄 셰익스피어의 전기 작가들은 거의 상상과 추측에 의존한다. 셰익스피어는 생전에 시집을 출판했으나 희곡을 출판한 적은 없었고 그럴 마음도 없었던 것 같다. 일기나 편지도 남아 있지 않다. 존재를 확인할 수 있는 행정적인 문서들은 실존 여부를 부정할 수 없게 해줄 뿐 아무것도 알려주지 않는다.

빌 브라이슨은 이렇게 썼다. "셰익스피어는 100만 단어에 이르는 글을 썼지만 자신이 직접 쓴 단어는 14개밖에 되지 않는다. 그는 여섯 번 서명을 했고 유언장에 'by me'라고 썼을 뿐이다." (두 사람은 영국과 스페인에서, 런던과 마드리드에서 동시대를 살았고 1616년 4월 23일 함께 세상을 떠났다. 셰익스피어는 스트랫퍼드에서 세르반떼스는 마드리드에서 각각.) 우리는 세르반떼스가 존재했다는 것을 의심하지 않는다. 『햄릿』의 작가는 자주 존재 자체를 의심받는다. 전기 작가들은 심리적인 짜릿함을 느껴 보기 위해 그런 종류의 의심을 해 보는 것이다.

셰익스피어는 자신에 대한 미래의 평가에 대해 전혀 관심이 없었다는 듯이 행동한다. 세르반떼스는 열심히 그리고 고의적으로 적절한 분량의 흔적을 남겼다. 한동안은 모습을 드러냈다가 한동안은 어둠 속에 은둔하는 식으로.

심지어 우리는 그의 신체에 대해 몇 가지를 알고 있다. 4세기 전에 활동했던 작가가 자신을 상세하게 묘사하는 것은 이례적인 일이다. 세르반떼스는 레빤또 해전에서 총탄에 맞아 불구가 된 왼팔을 자랑스럽게 생각했다. 세르반떼스가 안경을 썼다는 것도 알고 있다. 문학적인 적수였던 로뻬 데 베가(Lope de Vega)는 고맙게도 친구에게 보내는 편지에서 그 사실을 알려주었다. 아마 노안용 안경이었을 것이다.

우리는 그의 필체를 알고 있다. 후안 데 하우레기가 그린 초상화 상단에 적인 의문의 서명, 1590년 신대륙 구직 신청서 밑에 적어 놓은 서명, 세금 징수원으로서 작성한 수많은 행정적인 서명들.

헨젤이 뿌려 놓은 빵가루처럼, 세르반떼스는 자신을 추적할 수 있는 문건들을 드문드문 뿌려두었다. 영아 세례 증명서, 에라스무스를 추종했던 학생, 체포 영장, 교황청 신부의 시종, 레빤또 해전의 외팔이, 알제 포로 생활의 일부가 기록된 다큐멘터리, 신대륙 구직 신청서 등등.

작가가 무덤에서 살아 돌아오지 않는 한 해결될 것 같지 않은 몇 가지 미스터리가 있다.

1) 세르반떼스는 유대인이었을까?

2) 1820년 마드리드 시청 문서보관소에서 발견된 1569의 체포영장.

3) 5년 1개월 동안의 알제 포로 생활 중 4번의 탈출 시도,

왜 처벌을 받지 않았을까?

그 이유를 추적한 끝에 나온 의견은 세르반떼스가 게이였을까? (주인과 모종의 관계가 있는?)

4) 한때 벨을 두 번 누르는 포스트맨이었을까?

5) 왜 결혼했을까?

6) 『돈끼호떼』 2부의 위작을 출판한 알론소 페르난데스 아베야네다는 누구인가?

세르반떼스는 그 사람을 알고 있다는 식으로 말했다.

7) 두 개의 초상화의 진위는?

8) 세르반떼스의 무덤은 어디에?

(1615년 봄, 마드리드시가 깜짝 발표한 그 무덤과 관을 모두가 세르반떼스의 것으로 믿는 것은 아니다.)

차례

1.

알깔라의 이발사와 그의 아들

(1547-1568)

출생에 대해

미겔 데 세르반떼스가 태어날 무렵, 스페인은 고대의 황금시대에 근접한 아름다운 시대를 보내고 있었다. 스펙터클의 시대였고 탐험가들은 (사실은 탐욕스러운 정복자들이었지만) 아메리까에서 신나는 모험을 겪고 있었다. 모험이 일상처럼 전개되고 일상은 언제든지 모험으로 변할 가능성을 안고 있었다. 제국의 태양은 영원할 것처럼 타오르고 있었으며, 합스부르크 제국의 황제이자 스페인의 국왕인 까를로스 1세는 이베리아반도와 시칠리아와 나폴리, 밀란 그리고 네덜란드와 북유럽의 땅의 소유자였으며, 그 크기도 가늠하기 어려운 신대륙의 소유자였다. 그 많은 소유지를 두고 까를로스 1세는 은퇴할 때까지 유럽의 왕들에게 지칠 줄 모르는 체스 게임을 걸었다.

세르반떼스의 전기에 얽힌 사건이나 정보 중 추리 소설의 구조를 거치지 않은 것은 거의 없다. 출생지와 출생일은 그나마 예외에 속한다. 세르반떼스는 알깔라 데 에나레스의 산따마리아 교회에서 10월 9일 영아 세례를 받았다. 세례일을 기준으로 미겔이라는 이름을 연결시키면 미겔 데 세르반떼스 사아베드라 코르띠네스는 1547년 9월 29일 알깔라 데 에나레스에서 태어났다고 말할 수 있게 된다. 그날이 천사장 성 미겔의 날이었기 때문이다. 세르반떼스가 태어나기 몇 년 전에 스페인 정부가 교회의 영아 세례 기록을 의무화한 사건은 위대한 작가의 머리카락 하나라도 건져 보려는 전기 작가들에게는 행운이 아닐 수 없다. 지금 우리가 사용하는 그레고리오력으로 따지면 각각 10월 9일, 10월 19일이 된다. (『셰익스피어 순례』에서 빌 브라이슨은 셰익스피어가 타계한 4월 23일은 율리우스력이라고 했다. 그렇다면 세르반떼스의 탄생일은 율리우스력이었고, 타계한 4월 23일은 그레고리오력이었나? 그렇다면 두 작가는 다른 날짜에 타계한 것이 된다.)

나는 라만차 지방의 전형적인 풍광을 지닌 알깔라 데 에나레스를 떠올려 보았다. 지평선이 하늘과 평원을 가르고 평원의 한가운데를 하라마 강이 가로지르며 그 주변으로 여러 개의 가로수길이 흩어져 있다. 그중 한 길을 따라가면 붉은 지붕을 뒤집어 쓴 라만차의 가난한 전통 가옥들이 촘촘히 들어서 있고 광장을 중심으로 교회와 수도원, 시청 건물이 늘어서있다. 몇 개의 탑이 건물 뒤로 얼굴을 빼꼼하게 내밀고 있다. 5월의 아침, 소달구지에 몸을 실은 농부들이 광장을 가로질러 지평선 너머에 있는 밀밭을 향해 나아간다. 건조하고 서늘한 바람을 뚫고 날카로운 햇살이 그들의 등을 어루만진다. 현재의 알깔라는 역사나 문학에서 묘사된 그 마을과는 거리가 있다. 가장 유명한 두 곳은 꼼쁠루뗀세(Complutense)라고 부르기도 하는 알깔라 데 에나레스 대학과 세르반떼스의 생가로 알려진 집이다.

아버지 로드리고 데 세르반떼스는 청각에 장애가 있었던 것 같다. (33살에 알제 포로 생활에서 돌아왔을 때 아버지의 귀는 확실히 멀어 있었다.) 태어나서부터 귀머거리였다는 주장도 있다. 로드리고 데 세르반떼스의 직업을 설명하는 것은 쉽지 않다. 바르베로(barbero) 혹은 시루하노(cirujano)는 이발사, 접골사, 외과 의사 중 한 가지 혹은 모든 것을 의미했다. 아마 접골사가 가장 적당할 것이다. 이들은 뼈를 맞추어 주거나 염증에 시달리는 환자의 피를 뽑아 주는 일을 했다. 기술이 요구되고 험한 작업에 속했기 때문에 꼰베르소(converso, 가톨릭으로 개종한 유대인)들의 일이었다.

외할머니는 꼬르도바의 시루하노 가문 출신이었다. 어머니 레오노르 데 꼬르따나스는 열정적인 여자였다. 집안이 궁핍을 겪고 나중에 미겔이 목숨을 건 위험에 처했을 때 팔을 걷어붙인 사람은 어머니였다.

미겔은 7명의 형제 중 4번째였다. 형 안드레스는 태어난 후 일 년을 넘기지 못했다. (16세기 유럽에서 영아 3명 중 1명은 첫해를 넘기지 못했다.) 미겔이 태어났을 때 두 명의 누이 안드레아와 루이사가 있었고, 남동생 로드리고, 여동생 막달레나와 남동생 루이스가 뒤를 이어 태어났다. (형제 중 통상적인 결혼을 치르고 가정을 이룬 사람은 한 명도 없다. 현재의 시각에도 기묘한 가족이 아닐 수 없다.)

세르반떼스 가문은 꼰베르소인가? 이 질문은 세르반떼스를 두고 벌어지는 뜨거운 논쟁 중 하나다. 격렬해진 이유는 그 질문을 처음 던진 사람이 아메리꼬 까스뜨로라는 스페인의 저명한 역사학자라는 데 있었다. (1950년에 출간된 그의 『스페인 역사』는 스페인 역사서의 기념비적인 작품이 되었다.) 스페인이 존경하는 역사학자가 어느 날 모두가 피하고 싶었던 은밀한 비밀을 건드린 것이다. 이발사(아버지), 세금징수원(미겔)의 직업, 잦은 이사, 가문의 혈통을 증명하려는 한 장의 문서. 그것을 따라가면 우리는 까스뜨로의 주장에 접어들게 된다. 그런데 위로 좀 올라가면 판단이 쉽지 않다. 갈리시아에 근거를 둔 미겔의 선조들은 꼬르도바에 정착했다. 꼬르도바에서 미겔의 할아버지 후안 데 세르반떼스는 유력한 인사였고 변호사였다. 꼰베르소였다면 가능한 일이 아니다. 할아버지 대까지는 꼰베르소라는 사실이 밝혀지지 않았다가 아버지 대에 알려진 것이 아닐까? 하고 생각할 수도 있다.

출생지에 대해서도 모두가 동의하는 것은 아니다. 미겔 자신은 알깔라 데 에나레스에 대해서 거론한 적이 없다. 지명 자체를 거론한 적이 없다. 자연스럽게 생각하면 4살도 채 되기 전에 이곳을 떠났기 때문에, 라고 이유를 들 수도 있다. 그럼에도 이 유명한 도시를 "애써" 떠올리지 않은 정황을 끈질기게 파다 보면 어딘가 어색한 부분이 남는다. 세르반떼스는 다른 도시들을 고향인 것처럼 꾸며댔다. 어떤 때는 똘레도 어떤 때는 세비야 어떤 때는 마드리드…. 문학적으로 보자면, 미겔은 미래의 독자들이 자신의 고향을 놓고 이야깃거리를 만들어 내기를 원한 것일까?

『돈끼호떼』를 시작하면서 화자가 이렇게 말하지 않았던가.

> "그리 오래되지 않은 옛날, 내가 그 이름을 기억하고 싶지 않은 라만차 어느 마을에 한 이달고가 살고 있었다."(1부 1장)

부계와 모계에 대해 알려진 것은 다음과 같다.

외가의 먼 선조들은 아르간다, 아르가마씨야, 바라하스의 농부들이거나 직물 노동자들이었다. 그러다 외할머니 대에 이르러 (외할머니가 어린 시절에) 꼬르도바에 정착하면서 바르베로라는 직업을 가지게 된 것으로 보인다. 앞에서도 잠깐 언급한 것처럼 사실상 그 직업은 접골사와 이발사 사이를 왔다 갔다 하는 것이었고 때로는 피 뽑는 사람(sangrador)이 되기도 했다. (이 직업적 상황은 셰익스피어 시절의 영국에서도 마찬가지였다. 사람들은 툭하면 피를 뽑았다. 머리가 아파도 소화가 되지 않아도…)

친가 쪽은 안달루시아에 정착한 이달고 가문이었다. 먼 선조 중에 신분이 확인되는 증조할아버지 곤살로 고메스 데 세르반떼스는 꼬르도바에서 대규모 직물 사업을 벌였다. 곤살로 고메스의 아들, 즉 미겔의 할아버지 후안 데 세르반떼스는 상업적인 직업을 싫어해 집안의 사업을 이어받지 않고 법학을 공부했다. 방랑벽이 심했던 할아버지는 여러 도시에서 변호사 혹은 재정 관료로 일했다. (알깔라 데 에나레스는 그중 하나였다.) 그러면서도 꼬르도바가 늘 중심이었다. 다른 도시에 갔다가도 그는 다시 이곳으로 돌아오곤 했다.

후안 데 세르반떼스의 인생은 손자가 쓴 소설의 한 장면처럼 격렬해 보인다. 『모범소설집』에서 우리는 (현재의 관점에서는 극단적으로 보이는) 사회적 단면들을 목격한다. 도시에서는 몇 블록을 지나기 무섭게 살인 사건이 터지고 사람들은 납치와 강간에도 놀라지 않는 듯하다. 12편의 모범소설 중 가장 피카레스크적인 「린꼬네떼와 꼬르따디요」와 「피의 힘」에는 이 모든 폭력들이 일상의 리듬을 가지고 펼쳐진다.

할아버지는 툭하면 권력을 남용하고 끊임없이 소송을 걸었다. 기록에 의하면 그는 자신의 딸 마리아-미겔의 고모-와 마르띤 데 멘도사의 혼인을 강요하기 위해 소송을 건 적이 있다.

할아버지는 꼬르도바의 명망 있는 백작 디에고 우르따도 데 멘도사의 변호사였다. 나이가 든 백작은 젊은 시골 처녀와 결혼을 시도하고 있었다. 마르띤 데 멘도사는 백작이 젊은 시절 집시 여인과 사이에 낳은 사생아였다. 마르띤은 마리아와 결혼을 전제로 아이를 낳지만 약속을 무시했다. 법을 잘 알았던 후안 데 세르반떼스는 대귀족을 상대로 소송을 걸어 승소한다. 그 결과로 미겔의 고모인 마리아는 멘도사라는 성을 얻고 상당한 보상금을 얻는 데 성공한다.

몇 년 후, 할아버지는 아내와 가족을 두고 막내아들만 챙겨서는 여러 도시를 전전한 끝에 꼬르도바로 돌아오는데, 그 무렵에는 젊은 하녀에게 깊이 빠진 상태였다.

미래의 부모가 알깔라에서 혼인한 때가 그 무렵이었다. 할아버지는 결혼식에도 오지 않았고 손자들의 영아 세례에도 참석하지 않았다. 로드리고는 어머니와 마리아를 비롯한 고모들 그리고 어린 자식들을 떠맡아야 했다.

유년 시절

1551년 미겔이 4살 때 로드리고 데 세르반떼스는 나은 삶을 위해 가족을 데리고 알깔라를 떠나 바야돌리드로 간다. 아우스뜨리아스 왕가의 수도였던 바야돌리드는 5만 명의 가까운 인구가 떠들썩하게 살아가는 도시였다. 이곳에서 로드리고는 수많은 시루하노들과 경쟁을 벌여야 했고, 얼마 지나지 않아 고리대금업자에게 진 빚을 갚지 못해 몇 달 동안의 투옥을 치러야 했다. 수치심은 어린 세르반떼스에게 깊이 각인되었을 것이다.

가난에도 불구하고 부모의 교육열은 사내아이들뿐 아니라 여자아이들에게도 글을 배우게할 만큼 강렬했다. 미겔은 바야돌리드에서 처음으로 학업을 시작했고, 이후 꼬르도바, 세비야에서 학업을 이어갔다. 전기 작가마다 꼬르도바 혹은 세비야에서 미겔이 유년 시절을 보내지 않았다는 주장을 하기도 한다. 시루하노들은 경쟁을 피해 가족을 떠나 유리한 도시를 전전했기 때문에 가족들을 알깔라에 두고 혼자 돈벌이를 갔을 거라는 추측이다.

사실 여부를 떠나 『돈끼호떼』에서 작가는 꼬르도바의 뽀뜨로 광장을 3번 언급한다. (1부 3장, 7장; 2부의 서문) 망아지가 큰 단지를 올라탄 형상의 분수가 있고 (꼬르도바는 늘 말들의 도시였다) 단지 밑으로 가련한 물줄기가 힘없이 떨어진다. 망아지 말고는 특별한 사연이 없는 작은 광장. 미겔은 어린 시절에 봤을 수도 있고, 나중에 세금 징수원을 하며 여러 번 이곳의 주막에서 잠을 잤을지도 모른다. (세르반떼스가 묵었다고 주장하고 싶은 현재의 꼬르도바 시민들은 광장 서쪽에 2층 건물을 가리킨다. 안달루시아의 전통적인 여관의 모습을 갖춘 곳이다.) 또한 세르반떼스는 자주 꼬르도바 사람들을 작품에서 떠올린다. 부랑자들과 상인들과 관료들 그리고 유명한 바늘쟁이들을. 어떤 학자들은 꼬르도바 생활에서 세르반떼스가 나중에 자신의 문학에 사용할 피카레스크 세계를 배웠다고 주장하기도 한다.

모범 소설 「사기결혼」과 「개들의 대화」는 연작 소설이다. 「사기결혼」에서 뻬랄따와 깜뿌사노는 재활 병원에서 대화를 나눈다. 깜뿌사노는 밤새 개들의 대화를 듣고 글로 옮겼는데 읽어 보라고 권한다. 이렇게 해서 「개들의 대화」에서 우리는 갑자기 인간처럼 말을 하게 된 두 마리의 개 베르간사와 시삐온의 이야기를 듣는다. 새벽이 찾아오면 이 놀라운 능력도 사라질 것이다. 그러니 오늘 밤만큼은 언어의 기회를 충분히 누려 보자고 다짐한다. 바야돌리드의 재활 병원을 배경으로 베르간사는 자신의 고생담을 일방적으로 시삐온에게 들려준다. 세비야의 '뿌에르따 델라 까르네' 근처 도살장에서 태어난 이야기며, 목장에서 소를 지키는 개가 된 이야기며, 부유한 상인의 집에 들어가게 된 이야기며, 여러 주인들과 겪은 이야기를. (프로이트는 세르반떼스의 이 중편 소설을 알고 있었고 작품의 배경을 재활 병원이 아니라 정신 병원으로 간주하기를 좋아했다. 『야생의 부름』의 작가 잭 런던은「개들의 대화」를 읽었을까?)

전기와 관련해 자주 거론되는 부분은 베르간사가 세비야 예수회 학교의 신부들을 회상하는 장면이다.

> "어린 학생들을 부드러운 채찍으로 바로잡고 애정으로 꾸짖으며 불쌍함으로 벌을 내리고 본보기로 격려하고 상을 내려 자극을 주는 저 축복받은 신부님들과 선생님들…"『모범소설집』중「개들의 대화」

꼭 세비야가 아니어도 괜찮다. 로욜라 신부가 창설한 예수회는 프란시스꼬 종단이나 도미니까노 종단의 금욕이나 신비주의보다는 교육과 신앙의 사회화를 위해 큰 도시를 누비고 다녔기 때문이다. 바야돌리드, 꼬르도바와 세비야에서 거주하고 그곳 모두에서 예수회 학교가 존재했기 때문에 그곳이 어디든 어린 미겔의 마음에 새겨진 예수회 교사들의 애정은 분명해 보인다. 7살의 미겔은 이 예수회 학교에서 2년 동안 문법을 배웠을 가능성이 높다.

한편 아버지가 꼬르도바로 가족을 이끌면서 할아버지와의 사이가 좋아졌다고 생각할 만한 일이 벌어지는데, 아버지는 할아버지의 주선으로 외과 의사이자 피 뽑는 의사로서 꼬르도바의 자선병원(el Hospital de la Caridad)에서 일할 수 있었다. 그럼에도 할아버지와 할머니는 지속적으로 떨어져 살았고 할머니는 가족들과 할아버지는 하녀와 살았다.

할아버지 후안 데 세르반떼스는 1556년 꼬르도바의 집에서 세상을 떠났다. (바로 그해에 펠리뻬 2세가 왕위를 계승했고 까를로스 1세는 엑스뜨레마두라의 유스떼 수도원으로 은퇴한다.) 일 년 후 할머니가 세상을 떠난다. 부모들이 세상을 떠난 후, 로드리고는 가족들을 데리고 알깔라로 돌아간다. 세르반떼스 나이 10살 때었다. (어떤 학자들은 로드리고가 형 안드레스가 살고 있는 까브라로 갔을 것이라고 생각한다. 이 가설은 레빤또 해전에서 세르반떼스의 후견인이 되는 세싸 백작의 영지가 까브라에 있었다는 사실에 근거한 것이다.) 아무튼 할아버지의 죽음을 계기로 가족 모두가 꼬르도바를 떠났다는 사실은 분명해 보인다.

그 후 1558년부터 1564년까지 세르반떼스 가족의 흔적은 완벽하게 사라진다. 1564년 우리는 그들을 세비야에서 다시 만난다. (잦은 이사도 세르반떼스를 꼰베르소로 판단하도록 작용한다. 유대인 추방령 이후 이베리아반도에 남아 가톨릭으로 개종한 '새로운 기독교인(el cristiano nuevo)'은 신분이 알려질 경우 공적인 차별을 받았고, 자신들을 못 알아보는 다른 마을로 이사를 가곤 했다는 것이다. 문제는 '유대인 피'를 가늠하는 기준이다. 몇 백 년을 공존하며 피가 섞였는데 혼혈의 어디까지가 유대인인가?)

베네치아와 함께 세비야는 서유럽에서 가장 풍요로운 대도시였다. 신대륙의 빛과 어둠을 실은 배들이 과달끼비르강을 거슬러 세비야 선착장에 도착했다. 신대륙에서 새로운 기회를 얻으려는 젊은이들이 몰려들었다. 물리적인 번영, 그리고 지적인 번영. 세비야에서는 어떤 책이든 구할 수 있었고 이베리아반도와 유럽 전체의 지식과 정보가 이곳으로 흘러들었다. 그리고 범죄의 도시이기도 했다. 세르반떼스는 모범소설 「영국여자」에서 16세기 중반 세비야의 풍습과 다양한 캐릭터를, 「린꼬네떼와 꼬르따디요」에서는 피카레스적인 범죄 현장을 그려낸다. 뚜쟁이들, 도둑들, 사기꾼에서부터 고리대금업자와 환전상들이 존재했다. 성스러운 영역과 세속적인 영역이 극단적으로 공존하는 곳이었다.

세비야는 또한 공연의 도시였다. 미겔은 세비야 거리에서 행해지는 수많은 공연을 들락거렸다. 로뻬 데 루에다(Lope de Rueda)는 그 무렵 세비야에서 전성기를 이루었고, 어린 미겔은 루에다의 공연을 보고 성장하면서 행복한 기억을 간직한다. 『8편의 꼬메디아와 8편의 엔뜨레메스』의 서문에서 세르반떼스는 존경하는 배우이자 희곡 작가를 떠올린다. "그는 목가극의 대가였다. 어느 누구도 그를 따라잡을 수 없었다." 게다가 꼬르도바에서 거행된 루에다의 장례식에도 참석했다.

청년 시절

1566년, 미겔의 나이 19살. 전기 작가들은 한동안 사라진 세르반떼스 가족을 마드리드에서 찾아낸다. 그의 학업과 문학적 작업을 최초로 확인할 수 있는 문건

1568년 10월 3일 펠리뻬 2세의 왕비, 이사벨 데 발보아가 해산 중에 아이와 함께 사망한다. 일종의 사립학교인 "에스뚜디오 델라 비야 데 마드리드(Estudio de la Villa de Madrid)" 교장이었던 인문주의자 후안 로뻬스 데 오요스는 학생들과 함께 왕비를 추모하는 문집을 발간한다. 『질병과 죽음, 장례에 대한 보고서 Historia y relación de la enfermedad, muerte y exequias』라는 제목의 문집에는 네 편의 미겔의 시가 수록되어 있다. 작가의 학업과 습작 시대를 확인할 수 있는 튼튼한 자료인 셈이다. 이 시들은

작가가 평생토록 추앙했던 르네상스 시인 가르실라소 델라 베가(Garcilaso de la Vega)의 흔적이 뚜렷하게 드러나는 시들이다. 스승은 제자를 이렇게 소개하고 있다.

"우리의 소중하고 사랑스런 제자, 미겔 데 세르반떼스"

(Miguel de Cervantes, nuestro caro y amado discípulo)

왜 마드리드로 이주했을까?

한동안 합스부르크 스페인 왕가는 왕실의 거처를 바야돌리드와 마드리드 사이를 시계추처럼 왔다 갔다 했는데, 그때마다 세르반떼스 가족도 함께 옮겨 다닌다. 철새 근성인가? 더 많은 고객을 찾아서 왕실을 따라다닌 것일 수도 있다. 아니면 또 다시 꼰베르소 박해를 피해, 자신들을 알아볼 수 없는 장소를 찾아 지속적으로 거처를 옮겼을 수도 있고, 아니면 교육열이 높은 부모가 어떤 희생을 치르고라도 (싹이 좋아 보이는) 미겔을 좋은 환경에서 키우고 싶었던 것일까?

독자들은 『돈끼호떼』를 읽어 갈수록 작가의 의도에 의심을 가지게 된다. 1부 서문에서 세르반떼스는 서문 쓰기의 어려움을 독자에게 토로한다. 그래서 차라리 서문 쓰기 자체에 대해 친구와 나눈 대화를 옮겨 적겠다고 한다. 친구가 머리를 쥐어짜는 세르반떼스에게 이렇게 말한다. "따지고 보면 자네 책은 기사로망 나부랭이들을 혼내 주려는 것이니(…)"

16세기 스페인에서는 인문주의자들을 에라스무스의 추종자라는 뜻으로 "에라스미스따(erasmistas)"라고 불렀다. 이들의 대부분은 1508년에 출판되어 이후 80년 동안 30판을 거듭하며 열풍을 일으킨 『아마디스 데 가울라』를 비롯한 기사로망에 비판적이었다. 에라스미스따 뿐 아니라 가톨릭 교회도 적대적인 입장을 유지했다. 기사로망에 흠뻑 빠진 돈끼호떼는 이 환상 문학의 어리석음 조롱하고 비판하는 사람들을 만나 힘겨운 논쟁을 벌인다. 대표적인 논쟁은 돈끼호떼와 교회법 신부 사이에서 벌어진다. 신부는 기사 이야기가 "관능을 부추기고"(1부 47장), "거짓말을 유포시킨"(1부 49장)다고 비난한다. 논쟁이 시들해질 무렵, 교회법 신부 역시 한때는 기사로망에 빠져 있었고 심지어 기사 이야기를 쓴 적이 있음을 고백한다.

서문에서 친구의 입을 빌려 암시한 것처럼 (에라스무주의자들을 따라) 세르반떼스는 기사 문학을 비판하려는 것이었을까? 그렇게 판단하기에는 돈끼호떼가, 그 뒤에 숨어 있는 세르반떼스가 보여 주는 순수한 무훈과 사랑의 무대가 너무 매력적이다. 비판하려는 사람이 그 비판의 대상을 묘사하기 위해 그토록 공을 들일까? 독자는 여기저기에서 기사로망에 대한 작가의 내공을 만나게 된다. 두 가지만 들어보자.

1. 서문의 헌사

당시에는 책을 출판할 때 명망 있는 작가에게 헌사를 부탁하는 것이 관례였다. 『돈끼호떼』1부 헌사에서 세르반떼스는 관례를 깨고 기사로망의 영웅들인 아마디스 데 가울라, 그리스의 돈 벨리아니스, 성난 오를란도 등을 데려와 전통적 헌시의 우아함을 해학으로 대체한다.

2편을 소개한다.

가울라의 아마디스가 라만차의 돈끼호떼에게

뻬냐 뽀브레에서
삶의 모든 즐거움 포기하고
오로지 고행에 몰두하며
내 눈물 어린 삶을 따르려는 그대.

펑펑 쏟아지는 짜디짠
눈물로 목을 축이며
은이나 주석, 구리 식기도 없이
땅바닥 식사를 개의치 않는 그대.

적어도 금발의 아폴로가

4번째 천체에서 말을 재촉하는 한
그대는 영원히 살아 있을진저.

그대는 용감하다 명성 얻고
그대의 조국 또한 최고라 여겨지며
그대의 영민한 작가는 전무후무한 존재가 되리.

아마디스의 종자 간달린이 돈끼호떼의 종자 산초 빤사에게

명성이 자자한 이여,
운명의 여신이 그대에게 맡기시되,
이렇듯 부드럽고 세심히 보살피시니
종자의 과업을 그럭저럭 지냈구나.

이제는 괭이질이나 낫질과 비교해도
편력의 과업이 그리 낯설지 않고,
종자질이 몸에 배었으나, 다만
오만방자하여 달을 밟으려 하지는 마오,

내 그대의 안장은 물론 그 이름조차 부러우이.
그대의 빈틈없음을 여실히 보여주는
온갖 것을 쑤셔 놓은 부대자루 역시 부럽다네.

산초, 훌륭한 산초, 부디 행복하기를!
우리 스페인의 오비디우스가
손 벌려 경배를 취할 자는 오직 그대뿐.

2. 양쪽에서 몰려오는 양떼를 보며 시각적 착각에 사로잡힌 주인공이 산초에게 풀어내는 장광설을 들어보자. (1부 18장)

"저기 처녀에게 무릎 꿇고 있는 사내를 보려무나. 왕관을 쓴 사자 문장(紋章)이 새겨진 황금색 방패를 든 저분이 바로 뿌엔떼 델라 뽈라따의 영주이신 용맹무쌍한 라우르 깔꼬 님이시다. 그리고 저기 푸른색 바탕에 세 개의 은빛 왕관이 그려진 황금 꽃 문장의 방패를 든 분은 모든 이들이 두려워하는 끼로시아의 대공 미꼬꼴렘보 님이시다. 그분의 오른편에 서 있는 몸집이 거대한 사나이는 아라비아 삼국의 영주이신 브란다바르바란 데 볼리체 님이시다. 그는 뱀 가죽으로 만든 갑옷을 입고 다니며, 소문에 의하면 삼손이 복수를 위해 목숨을 걸고 무너뜨린 성전의 문짝을 방패로 사용하고 있다더구나. 그럼 반대편에는 누가 있

> 는지 어디 한번 살펴보자꾸나. 저편 군대의 선두에 파란색, 녹색, 흰색, 노란색 네 가지 빛깔로 된 갑옷을 입고 있는 분이 누에바 비스까야의 왕자로 백전불패로 불리는 띠모넬 데 까르까호나 님이시다. 그가 지금 들고 있는 방패는 사자 털빛 바탕에 황금 고양이가 새겨져 있는데, 거기에 새겨진 '미아우'라는 글씨도 보일 것이다. 사랑하는 여인의 이름에서 첫 부분을 따온 글자인데, 전하는 말에 따르면 그녀는 바로 알페니켄 델 알가르베 공작의 딸인 미울리나 님이시다. 그리고 저기 저 눈처럼 준수한 암말에 올라 흰 갑옷을 입고 아무런 문장도 새겨지지 않은 흰 방패를 거머쥔 사내는 프랑스 출신의 신성 기사인 피에르 파펭 님으로 우트리게 남작령의 영주이시다. 파란색 종 모양의 갑옷을 입고 날렵한 얼룩말에 박차를 가하고 있는 기사는 네르비아의 강력한 공작이신 에스파르타필라르도 델 보스께 님이시다. 그분의 방패를 보면 아스파라거스 문장에 카스띠야어로 '나의 행운을 따르라'라는 문구가 새겨져 있는 것을 볼 수 있으리라."

기사로망을 비난하는 척했던 것일까? 소설을 출판하려면 지식인들의 문학적 비위를 건드려서는 곤란해서? 출판 여부를 가늠하는 그분들을 안심시키고 나서…

아니면, 기사로망을 우습게 만들고 환상에 쉽게 넘어간 주인공을 바보로 만들 생각이었는데, 조금씩 의도가 벗어나면서 어느새 젊은 시절의 독서로 돌아간 것일까? 기사로망에는 사춘기를 사로잡는 과장된 순수함이 있고, 또래 중 드물게도 미겔은 독서를 좋아했다. 잠시 일인칭 화자의 목소리를 작가의 목소리로 들어보자.

> "나는 광적으로 읽는 것을 좋아한다. 그것이 거리에 버려진 찢겨진 종잇조각이라도."
>
> Yo soy aficionado a leer, aunque sean los papeles rotos de las calles.
>
> (1부 9장)

게다가 세르반떼스가 상당한 기억력의 소유자였다는 사실은 다음에서 증명된다. 산초의 잔소리를 견디다 못한 돈끼호떼는 아마디스의 충성스러운 하인 가사발을 떠올린다. 너는 그 하인의 모범적인 자세를 따라야 한다며.

> "그토록 거대하고 진실한 이야기 중에 오직 단 한 번만 그 이름이 거명되기는 하지만 말이다." (2부 20장)

학자들은 조사에 들어갔다. 정말 한 번뿐일까? 프랭크 허버트의 『듄』 시리즈에 버금가는 분량의 『아마디스 데 가울라』에서 가사발에 대한 묘사는 딱 한 번뿐이라는 사실이 밝혀졌다. (이건 좀 대단한 것 같다.)

2. 천국의 도시를 찾아서(1569-1980)

루이스 아스뜨라나 마린(Luis Astrana Marín)은 세르반떼스의 전기 작업에서 전환기를 이룬 학자다. 전문적인 학력이 거의 없어 전문가들에게 아마추어 취급을 받아 한동안 무시되기도 했다. 세르반떼스에 반해 탐정의 자세로 십 년 동안 작가가 흔적을 남겼을 만한 도시와 마을, 시청과 교회를 추적했다. 알깔라 데 에나레스의 시청 문서 보관소에서 작가의 영세 증명서를 발견한 것도 그였고, 결혼 기록을 찾아낸 것도 그였다.

다른 몇 가지 핵심적인 자료는 다른 학자들이 차지하는데, 예를 들어 1569년 12월, 22살의 미겔은 로마에 있었다. 젊은 추기경의 시종으로 일한 덕에 공식적인 흔적을 남길 수 있었다. 한 장의 문서가 발견되기 전까지 마드리드 학교와 로마 사이는 공백이었다. 1863년 헤로니모 모란(Jerónimo Morán)은 『세르반떼스의 삶 Vida de Cervantes』에서 처음으로 아래 문서를 공개한다.

1569년 9월 15일의 범죄 기록:

"미겔 데 세르반떼스(Myguel de Cerbantes)라는 청년이 마드리드 왕궁 근처에서 왕실에 소속된 미장이 안또니오 데 시구라에게 중상을 입히고 도주. 시청 소속 검사는 그에게 다음과 같은 형사 처벌을 내렸다. 공개적인 오른손 절단, 10년간 마드리드에서 추방. 현재 범인은 도주 중이고 세비야에 있는 것으로 추정된다."

동명이인일 수도 있다. 인문주의 교육을 받은 문학 지망생이 설마 끔찍한 칼부림을 벌였겠는가? 하는 것이 대부분 학자들의 생각이었다. 범인이 세르반떼스일 가능성을 찾으려는 소수의 의견은 작품에 근거한 것이었다. 작가가 비슷한 에피소드를 『갈라떼아』를 비롯해 몇 작품에서 인용하고 있기 때문이다. 예를 들어, 『갈라떼아』 2장의 띰보리오 이야기에서, 『뻬르실레스와 세히스문도의 역경』(1617) 1부 5장의 이야기에서. 학자들이 간신히 범인과 작가의 작품을 연결시키는 동안 결정적인 문건이 나타난다. 이 탄원서는 1902년에 출판된 뻬레스 빠스또르(C. Pérez Pastor)의 『지금까지 발표되지 않은 세르반떼스의 문서들 Documentos cervantinos hasta ahora inéditos』에 수록되어 있다.

아들이 사라진 후 3개월이 지난 1569년 12월 22일. 왕실 담당자에게 보내는 아버지 로드리고의 탄원문. 미겔이 자신의 합법적인 아들이며 자신과 아내의 조상 중 무어인 혹은 유대인의 피가 섞이지 않았다는 증명.

> "그리고 우리는 순수한 뿌리를 지닌 이달고이자 전통적인 기독교인입니다."
>
> (y somos muy buenos hidalgos y cristianos viejos, limpios de toda raíz.)

순수한 기독교인이자 이달고임을 새삼 증명하려고 했던 것은, 아들의 신체 절단 처형을 번복시키기 위한 것이었다. 왜냐하면 법령에는 같은 죄라도 이달고에게는 신체적인 고문을 하지 못하도록 명시되어 있기 때문이다.

세르반떼스는 로마에 있었다. 그렇다면 어떤 과정을 통해 로마에 갔을까? 위의 선고문과 뒤를 잇는 추측 보고서가 정확하다면 미겔은 마드리드에서 일단 세비야로 도주한 다음, 바르셀로나를 배회하다가 배를 타고 혹은 육로를 통해 로마에 도착했을 것이다. 나폴리를 거쳤을 가능성도 있지만 피해 갔을 가능성이 더 크다. 나폴리는 원래 아라곤 연합 왕국 시대부터 식민지였고 펠리뻬 2세 시대에도 스페인 영토였다.

도망자가 로마를 선택한 이유는 확실해 보인다. 로마에는 세르반떼스의 먼 친척으로 고위성직자인 가스빠르 데 세르반떼스가 있었고, 그는

촉망받는 악꽈비바(Giulio Acquaviva) 신부에게 미겔을 소개했고, 미겔은 1년 가까이 악꽈비바의 시종으로 일한다. 미래의 추기경은 세르반떼스보다 한 살 위고 두 사람은 말이 잘 통하는 사이였을 것이다. 가스빠르와 악꽈비바는 이듬해인 1570년 함께 추기경이 되는데, 이때는 미겔이 시종을 그만두고 나폴리에서 스페인 군에 입대할 무렵이었다. (악꽈비바 추기경은 28살에 알려지지 않은 이유로 갑자기 사망한다.) 로마에서 고위 성직자의 측근으로 일하며 교회와 정가의 권력가들과 친분을 쌓을 수 있는 직책을 버리고 그는 왜 군인이 되고자 했을까. 군 복무를 통해 복권의 자격을 얻고 싶었을까? 혹시라도 전쟁 영웅이 되어 귀향하면 오른손 절단형이란 끔찍한 형벌에서 벗어날 수 있지 않을까? 아니면 시종이라는 행정직을 버리고 갤리선을 타고 지중해를 누비는 모험을 겪고 싶어서일 수도 있다.

1570년 말에 미겔은 스페인 군인이 된다. 그는 소총수였고, 디에고 데 우르비나 선단에 소속되었다. 우르비나 선단은 미겔 데 몬까다의 연대에 소속되어 있었다. 이 연대는 원래 알프하라스 전쟁을 위해 조직되었다가 터키와의 전쟁을 앞두고 바르셀로나로 진출하여 대규모로 재구성되었고, 1571년 7월 11일에 바르셀로나를 떠나 8월 9일에 나폴리항에 도착해서 다른 함선들과 합류했다.(몬까다 연대는 1,162명으로 구성되었고, 우르비나 선단은 그 중 200명으로 구성되었다.)

이른바 산따 리가(Santa Liga)로 불리게 되는 스페인, 베네치아, 교황청 군대가 중심이 된 기독교 연합군은 이렇게 나폴리에서 집결한 후 터키군을 향해 진격했다. 대선단의 사령관은 돈 후안 데 아우스뜨리아(Don Juan de Austria)는 까를로스 1세의 사생아였고 펠리뻬 2세의 이복동생이었다.

8월 25일 함선들은 다시 메시나로 이동했다. 그곳에서 우르비나 선단은 9월 16일 출항했고, 미겔은 안드레아 도리아가 지휘하는 몇 개의 갤리선 중 하나에 승선하고 있었다. 그들은 코르푸에서 보급품을 보강하고 알바니아 해안에 정박했다. 돈 후안 데 아우스뜨리아는 그곳에서 적의 동향을 살피고 대열을 정비한 다음 세팔로니아 운하를 통해 레빤또 만으로 진격 1571년 10월 7일 터키 해군에게 대승을 거두었다.

군인으로 미겔은 어떻게 싸웠을까? 용감했을까? 비겁했을까? 전투에 뛰어들어 누군가를 죽이기도 했을까? 그런 의문이 들면, 자주 아버지 로드리고 데 세르반떼스가 나타나 뭔가를 들이민다. 청력에 이상이 있었던 이 다정한 아버지는 넷째인 미겔을 끔찍하게 아꼈던 것 같다. 아들이 위험에 닥칠 때마다 구원 작전을 펼친다.

1578년 3월, 그러니까 미겔이 알제에서 포로로 붙잡혀 인질 석방금이 필요할 때, 레빤또 해전에서 아들의 공훈을 증명하기 위해 — 정부로부터 포상금을 얻어내기 위해 — 아들과 함께 참전했던 동료 네 명의 증언을 담은 다큐멘터리를 제작한 것이다. 그들은 증언은 대강 다음과 같다.

전투 당일 미겔은 아침부터 고열에 시달렸다. 보고를 받은 돈 디에고 데 우르비나는 후방 배치를 명령한다. 미겔은 전방에서 전투를 치를 것을 주장한다. 캡틴은 그의 청을 들어 가장 위험한 에스끼페(전마선)에 배치한다. 작고 날렵한 에스끼페는 육탄전을 위해 고안된 전투선으로, 열두 명이 승선해서 적의 배로 돌진 육탄전을 벌이는 기능을 가지고 있었다. 미겔은 전투 중 총상을 입고 왼쪽 팔이 불구가 된다. 사령관인 후안 데 아우스뜨리아는 미겔에게 특별 포상금과 사령관 추천장을 수여한다.

세르반떼스는 이때를 자랑스럽게 회상하곤 했다.

> "시대를 통틀어 그 전투는 가장 경이로운 사건이었으며 현재와 미래에도 없을 전투였다."
>
> (la más alta occasión vieron los siglos pasados, los presentes, ni esperan ver los venidereos.) (『돈끼호떼』 2부의 서문)

작가의 전기에 문학적인 색채를 더하고 싶은 학자들은 돈끼호떼의 영웅 아마디스와 세르반떼스의 영웅 돈 후안 데 아우스뜨리아를 비교하는 성향이 있다. 게다가 성공하지는 못했지만 레빤또 해전은 기독교도들에게는 성지 탈환의 의미가 있었다. 기사로망에는 기독교 기사가 터키군들과 전투를 벌여 콘스탄티노플(이스탄불)을 탈환하는 이야기가 자주 등장했다.

미겔은 평생 레빤또 해전을 떠올렸고 사령관을 찬양했다. 돈 후안 데 아우스뜨리아는 까를로스의 1세의 사생아로 태어나 비밀리에 궁전 바깥에서 성장했고, 스무 살에 갑자기 모습을 드러낸 인물이다. 기독교 함대의 젊은 사령관. 당시 26살이었던 그는 미겔에게는 현실의 아마디스였다. 미겔뿐 아니라 모든 젊은이들에게 그런 존재였으리라. 폐쇄적이고 신중한 펠리뻬 2세는 순수한 용모에 탄생의 신비를 간직한 이복동생을 어떻게 대했을까? 역사에서는 두 사람의 관계를 적대적으로 다루려고 하는 경향이 있다. 펠리뻬 2세가 끔찍하게 질투했다는 식으로.

부상을 입고 미겔은 메시나로 후송되어 그곳에서 6개월을 보낸다. 그 무렵 동생 로드리고가 나폴리에서 스페인 군인이 되었고, 얼마 후 형제는 함께 군 생활을 했으며 귀환선에도 함께 승선하게 된다. 부상에서 돌아와 미겔이 치른 전투는 다음과 같다.

1572년 7월, 코르푸 전투.

1572년 10월, 그리스의 나바리노 포위 작전.

1573년 10월 11일, 후안 대 아우스뜨리아가 지휘하는 튀니지 정복 전쟁. 이 무렵 나폴리, 세르데냐, 제노바 등에서 체류.

1574년 1월, 튀니지의 라골레따 요새를 터키군대가 점령. 후안 데 아우스뜨리아가 지원군을 이끌고 탈환을 시도했으나 패배.

20대의 젊은 미겔이 5년 동안 머물던 이탈리아는 르네상스가 완성되고 다가올 새로운 시대를 준비하고 있었다. 『돈끼호떼』에서 주인공이 자주 인용하는 루도비꼬 아리오스또의 『광란의 오를란도 Orlando el furioso』 메시나의 후송병원에서 이탈리아 르네상스 최고의 서사시를 읽고 있는 미겔을 생각해 본다.

미겔은 나폴리를 평생 동안 "천국의 도시"로 생각했다. 젊음, 전투, 부상, 독서 등 모든 것이 절정을 이뤘던 시절. (나폴리에서 미지의 여인과 사랑에 빠져 사생아를 낳았다는 주장도 있다.) 비록 왼팔을 쓰지 못하게 됐지만 깃털 펜을 쥔 오른팔을 강력하게 하기 위해서라고 생각하면 어떨까. 작가 자신은 그 운명의 가치를 몰랐을 테지만…

거기에다 비밀에 싸인 뜨거운 연애를 상상하는 것은 아름다운 시절을 봉합하는 것에 다름 아니다.

3. 왜 오디세우스를 흉내 내는가?

이탈리아에서의 6년. 교황청 젊은 신부의 시종, 직업적인 군인, 레빤또 해전, 부상, 후송과 치료, 가상의 첫사랑과 가상의 아들 그리고 푹 빠져 버린 르네상스 시인들. 이탈리아와 그리스, 알제리, 북아프리카의 지중해 항구들을 떠돌며, 『일리아드』를 끝낸 미겔에게 또 다른 이야기가 기다리고 있었다. 작가의 삶을 극적으로 만들기 위해 문학의 신은 역사의 신에게 가혹한 주문을 한다. 이야기는 이야기를 할 만한 사람에게만 들러붙는 것일까?

1) 갤리선 솔

1575년 9월 20일 미겔은 동생 로드리고와 함께 갤리선에 오른다. 지중해의 초가을 바람을 맞아 세 개의 돛은 세차게 휘날렸고, 나폴리 항구는 아침을 시작하는 사람들로 활기를 띠고 있었다. 미겔이 탄 갤리선의 이름은 솔(태양)이었고, 스페인은 아직 제국의 태양이었으며 미겔은 27살이었다. 미래를 보장해 줄 두 장의 추천장과 불구가 된 왼팔. 6년 전 그를 이곳으로 오게 했던 왕궁 소속 미장이 살인 미수 사건을 사람들은 잊었을까? (오른손을 절단하는 대신 미겔은 왼팔에 일부러 총을 쏜 것은 아닌가?) 귀환 병사들을 태운 모두 4척의 배가 스페인을 향해 출항했다. 나폴리를 떠난 지 이틀 뒤에 귀향 선단은 프랑스의 니스 해안 부근에서 두 차례의 폭풍우를 만나 솔은 선단에서 떨어져 마르세유까지 표류하게 된다. 고립된 솔을 발견한 베르베르 해적선들이 공격을 시작했다. 솔의 선장이 죽고 많은 병사들이 부상을 당했으며, 해적들은 살아남은 미겔과 동생 로드리고, 동료들을 알제로 끌고 갔다. 미겔을 포로로 잡은 해적선의 선장은 알바니아 출신의 레네가도(renegado, 기독교에서 이슬람으로 개종한 사람) 아르나우떼 마미로 유명한 해적이었다.

세르반떼스는 알제 항구로 들어설 때의 심정을 시로 남겼다.

> 포로의 몸이 되어 그토록 유명한
>
> 그 땅을 만났을 때
>
> 해적들이 우글거렸고
>
> 나는 울음이 터지는 걸 막을 수 없었다.
>
> (꼬메디아「알제 감방 Los baños de Argel」중)

당시 알제는 로마보다도 많은 10만 명이 거주하고 있었고 대부분 도

적질과 인질로 먹고 살았다. 인구의 4분의 1은 포로나 노예들이었다. 잡혀 온 전쟁 포로들은 도착 즉시 노예 시장에서 팔려가는 경우가 많았다. 미겔은 달리 마미라는 그리스 출신의 주인에 소속된 포로가 되었다. 마미는 미겔의 품에서 나온 두 장의 추천장을 보고 그를 중요한 인물로 판단했다. 처음에는 5천 두까도라는 사실상 불가능한 몸값을 책정했다가 가격은 점차 할인되어 나중에는 500두까도로 정해졌다. 평균 몸값 200두까도에 비하면 두 배가 넘는 액수다. (500두까도는 누이들이 결혼을 이행하지 않은 놈팡이들에게 요구했던 보상액과 정확하게 일치한다. 500두까도의 인생. 500두까도가 얼마 정도의 가치였을까? 나중에 정부에서 파견한 오란 스파이로 미겔이 받은 돈은 전부 100두까도였고, 『갈라떼아』 판권으로 120두까도를 받았다.) 미겔은 추천장 때문에 노예 시장으로 끌려가지 않았고, 중노동에 시달리지도 않았으며 왼팔 때문에 노 젓는 노역도 면제 되었다. 그 대신 미겔은 '바뇨'라고 부르는 특별 감방에서 엄중한 감시를 받았다. 몸값이 얼마인가! 알제에는 세 가지 계급이 있었다. 터키 출신의 순수한 터키인들, 무어인들과 레네가도들, 유대인들과 노예들. 보상금이 붙은 포로들은 최하층 계급보다 괜찮은 생활을 했던 것 같다.

포로 생활은 예상할 수 있는 것만큼 가혹했을까? 세르반떼스는 포로들을 상대로 로뻬 데 루에다의 희곡을 각색하고 무대에 올린 기억을 떠올린 적이 있다. 포로 생활을 소재로 한 세르반떼스의 작품은 모두 4편이다. 2편의 꼬메디아, 1편의 엔뜨레메스, 『돈끼호떼』 1부에 삽입된 "포로이야기". 그 내용을 모두 검토해볼 때, 포로생활은 예상처럼 가혹했고, 또 예상을 뛰어넘어 충분한 자유를 누렸다. 터키인들은 개종을 강요하지도 않았으며, 다만 개종하면 생활이 조금은 더 편해졌다. (세르반떼스 연구가인 클레멘신에 의하면 기독교 진영에서는 무어인 포로들에게 그런 자유를 부여하지 않았다고 한다.) 특히 세르반떼스는 누구보다도 여유 있는 시간을 가졌던 것 같다. 자유롭게 걸어 다녔으나 (바뇨에 사슬로 묶여있는 시간은 일종의 의식 삼기, 너희들이 포로라는 의식을 주기 위한 것에 불과했다.) 누가 알겠는가? 우리의 예상은 표면적인 것들에 국한된다. 세르반떼스 자신은 내면을 보여준 적이 없다. 그나마 『모범소설집』 서문에 적은, "그곳에서 나는 역경 가운데 인내심을 키우는 방법을 배웠다."라는 문장이 전부다.

탈출에는 두 가지 경로가 있었다. 간단한 방법은 항구에서 배를 훔치거나 배를 빌려줄 수 있는 누군가를 매수하는 것이다. 배를 얻는다 해도 팀을 짜는 것이 필수적이었다. 다른 루트는 스페인 군사 진영이 있는 오란까지 도보로 가는 것이다. 알제에서 오란까지는 약 400km. 발각의 위험이 있어서 밤에만 걸어야 하고, 도처에 밀고꾼들이 득실거린다. 알제와 오란 지역에서 전투 경험이 있는 기독교 병사 중에도 사막과 불모지로 이어지는 두 도시 사이의 길을 아는 병사는 드물었다. 코요떼가 반드시 필요하다는 말이다. 가장 위험한 일은 첫 단계였을 것이다. 누구와 함께 탈출 팀을 짤 것인가. 서로를 확인하는 시간이 흐르면 다음에는 누구를 매수해서 길잡이나 배를 가지고 오게 할 것인가. 일단 바다로 나갔다 해도 폭풍과 해적들이 그들을 기다리고 있다.

미겔은 구명의 편지를 부모에게 보내지 않았던 것 같다. 안다고 해도 500두까도를 어떻게 구할 수 있을까? 동생의 석방금까지 더하면 불가능한 액수다. 6년 동안 떨어져 있었는데 부모의 사정을 알았던 것일까? 아니면 포의 단편 제목처럼 도둑맞은 편지가 되었던 것일까? 문학적인 특권을 동원하면, 미겔은 처음부터 탈출의 모험을 겪고 싶었는지도 모른다. 불굴의 의지를 가졌다거나 제정신이 아니었다거나 그런 말은 하지 말자. 세르반떼스라는 인간을 조금 더 겪으면 당신도 나처럼 생각할 수 있다.

1576년 1월, 끌려온 지 넉 달이 되었을 때 미겔은 처음으로 탈출을 시도한다. 그는 걸어서 오란까지 가는 단순한 방법을 떠올렸다. 바닷가에 숨어 언제 올지도 모를 배를 기다릴 필요도 없고, 돈도 적게 드니까. 형제는 우선 까스따네다라고 알려진 사람과 안톤 마르꼬를 작전에 끌어들였다. (안톤 마르꼬는 나중에 미겔이 스페인에 귀환해서 개종 여부를 의심받았을 때 유리한 증언을 함으로써, 세르반떼스 전기 인명부에 이름을 올린 사람이기도 하다.) 까스따네다와 마르꼬는 다시 자신들이 믿을 만한 기독교 포로들을 설득했고, 모두 11명이 탈출 작전에 참여했다. 그들이 고용한 길잡이는 무어인으로 전문적인 코요떼였다. 그러나 출발한 지 하루 만에 무어인은 갑자기

사라져 버렸다. 미겔과 멍청한 포로들은 절망에 빠진 채 다시 알제로 돌아와야 했다. (길을 모른다고 제 발로 돌아왔다? 알제와 오란 사이의 길이 그토록 험했을까?) 우리는 그들이 어쩐 벌에 처해졌는지 모른다. 분명한 것은 이 일로 누구도 죽임을 당하지 않았다는 것과 대부분의 시간을 쇠사슬에 묶여 지내야 했다는 것.

몇 달 후 까스따녜다와 마르꼬는 가족들의 도움으로 석방되어 스페인으로 갔다. (그들이 두 아들의 안부를 전해 주었겠지?) 그때부터 로드리고 데 세르반떼스 씨와 레오노르 데 꼬르띠나스 여사의 눈물겨운 구명 운동이 시작된다. 아버지는 먼저 까스띠야 위원회 — 일종의 주정부 청사 — 를 찾아간다. 다음에는 왕립 위원회 — 국가 정부 청사 — 를 찾아간다. 22살에 사고를 치고 아들이 이탈리아로 도망갔을 때, 귀가 어두운 아버지는 똑같은 루트를 거친 적이 있다. 그때처럼 아버지는 가문의 순수한 피와 이달고 신분을 증명하는 서류를 들고 도움을 청했다. 반응은 예전과 다를 바 없었다. 어머니는 십자군 위원회 — 일종의 군사합동본부 — 를 찾아갔고, 심지어 자신을 미망인으로 위장해서 불행을 확대시켰고, 위원회로부터 80두까도의 대출을 받아내는 데 성공한다. 가재도구를 팔고 이웃들로부터 빚을 얻어 모은 돈은 모두 300두까도. 구명 자금을 들고 메르세드 종단 신부들은 알제로 향했다. 신부들은 달리 마미와 미겔의 몸을 두고 협상을 벌였지만 미겔의 주인은 한 푼도 깎아 주지 않았다. 형이 말했다.

신부님, 동생을 먼저 구해주세요. 로드리고는 그렇게 해서 신부들과 함께 집으로 귀환한다. (세르반떼스 전기 작가들은 모두 그런 식으로 풀어 간다. 부모가 미겔을 구하려고 했으며 로드리고는 안중에도 없었다는 식으로. 부모는 두 아들을 모두 구출하려고 했을 것이다. 우리는 위대한 작가의 목숨과 하찮은 동생의 목숨 사이에 선을 긋고 싶은 충동을 억제하기 어렵다. 동생을 위해 기꺼이 희생하는 관대함을 보고 싶은 충동을 억제하기 어렵다. 아니면 계속되는 탈출 이야기를 듣고 싶은 충동을 억제하기 어려워서일 수도 있다.)

1830년대에 세르반떼스의 편지가 한 통 발견되었다. 3행시로 쓰인 운문체 서간문이다. 1577년으로 추측되는 편지. 세르반떼스가 마드리드 학교의 친구이자 그때 펠리뻬 2세의 비서로 일하던 마떼오 바스께스에게 보낸 것이다. (발신란에는 미겔 데 세르반떼스라고 적혀 있다.) 세르반떼스는 자신의 레빤또 참전과 포로가 되는 과정을 적은 다음, 알제의 기독교 인질들을 구해 줄 것을 촉구하고 있다. 폐하에게 이렇게 말씀드려. 알제를 공격해서 우리 기독교 인질들을 고통에서 해방시켜 달라고. 편지가 세르반떼스의 것이라면, 로드리고가 석방될 때 몰래 지니고 갔을 것이다. 편지 후반부의 내용은 꼬메디아 「알제의 협상」에 수록된 2편의 시와 정확하게 일치한다. 어떻게 그럴 수 있을까? 권위 있는 세르반떼스 전문가인 마르띤 데 리께르는 아름다운 문체로 쓰인 이 편지를 낭만주의 시대에 유행하던 세르반떼스 사기 자료로 보고 있다. 학자들 사이에도 아직 정답을 내놓지 못하고 있다.

집으로 돌아온 로드리고는 형의 계획을 실행에 옮긴다. 로드리고는 자금을 모으고 인질 구출 전문 선원들을 고용해서 쾌속정 프라가따 한 척을 알제 해변으로 보냈다. 1577년 9월 말, 미겔과 14명의 포로들은 알제에서 조금 떨어진 바닷가 동굴에 도착했다. 그들은 동생이 보냈을 배를 기다리며, 협소한 동굴에서 서로 몸을 비벼대며 5주를 살아야 했다. 마침내 마요르까 출신의 비아나라는 선원이 알제 항구 근처까지 배를 몰아 왔지만 알 수 없는 이유로 배를 해안에 대지 못했다. 그들은 동굴의 틈바구니에서 프라가따가 저 멀리에서 우왕좌왕하는 것을 지켜봐야만 했다.

포로들이 어떻게 오 주 동안 추격도 받지 않고 발각되지 않을 수 있었을까? 달리 마미는 해적이었고 한 번 일을 나가면 몇 달씩 돌아오지 않았을 것이다. 미겔은 그 기회를 이용했다고 생각할 수 있다. 먹는 것은 어떻게 해결했을까? 포로들이 숨어 있던 동굴 근처에는 하산이라는 알제 고위 관료의 과수원이 있었다. 과수원 지기는 후안이라는 나바라 출신의 노예였는데, 주인 몰래 포로들에게 음식을 가져다주었다. 나중에는 멜리야 출신으로 레네가도 엘도라도르라는 친구가 음식을 어디선가 훔쳐다 주었다. 나를 따라 탈출하지 않겠니? 그랬을까. 추천장을 보여 주며 내가 바로 너희들의 구세주란다. 그랬을까. 엄청난 설득력으로 사로잡았을까? 나는 이렇게 생각의 방향을 틀고 싶다. 세르반떼스에게는 연민을 일으키고 무조건적인 도움을 끌어내는 힘이 있었다고. 뻔한 이야기. 탈출이 실패로 기울어지자 엘도라도르는 포로들을 밀고했다. (밀고자가 있어야 이야기가 끝날 수 있다.)

이 정도의 탈출 경험을 쌓은 작가라면, 탈출을 다룬 거대한 소설을 쓰거나, 자주 입에 거품을 물고 이야기를 만들어낼 것 같은데. 알제를 다룬 몇 편의 꼬메디아를 빼면, 세르반떼스는 대체로 함구하는 태도를 보였다. (그 작품들에서도 탈출을 다룬 것은 아니었다.) 어쩌면 나 같은 사람이 넘볼 수 있는 영역은 아닐 것이다. 추측하는 것도 건방지기는 마찬가지다. 소설보다 강력한 현실을 겪은 작가는 그 현실을 소설로 각색할 수는 없을지도 모른다. 상상이 끼어들 자리가 없기 때문일 수도 있고, 불경한 의식이 끼어들기 때문일 수도 있다. (단편 「병사의 고향」에서 헤밍웨이는 전쟁에서 돌아온 병사에게 전쟁에 대해 묻는 것이 얼마나 불경한 짓인지를 들려 준다.)

유일하게 우리는 이 이야기를 『돈끼호떼』 1부에서 다시 듣는다. 세르반떼스는 살벌한 탈출기에 멜로의 물약을 첨가해서 부드럽게 각색한다. 바뇨에서 사슬에 묶인 기독교 포로, 그를 도와 스페인으로 가려는 베일 쓴 아가씨 소라이다, 하산이라는 관대하고 부유한 무어인과 그의 딸 소라이다. 하산의 과수원, 딸의 선택과 배신당한 아버지, 바다에서의 뜻밖의 모험. 이어서 스페인 기독교 군인은 포로 생활의 비참한 생활을 전해 준다. 발에 사슬이 묶인 감방, 무어인 여자가 보내는 두렵고 은밀한 신호, 쪽지가 오가고, 여자가 아버지를 배신하고 연인은 배를 타고 탈출한다. 세르반떼스는 다큐멘터리에 러브 스토리를 끼워 넣은 것일까? 아니면 그런 연애를 포로 중에 겪은 것일까?

> "포로 생활이 다 그렇듯 헐벗고 굶주렸지만, 그보다는 잔인한 주인의 만행이 제일 견디기 힘들었습니다. 매일 이유도 없이 아무 포로나 잡아다 목을 매고, 심심풀이로 찔러 보거나 귀를 잘라내는 일이 다반사였습니다. 잔인함은 터키인들의 본성인 것 같습니다. 그런데 주인이 관대하게 대하는 유일한 포로가 있었어요. 사아아베드라인가 뭔가 하는 군인이었는데, 여러 번 탈출을 시도했다 잡혔는데도 구타 한번 당하지 않았고 욕설도 별로 듣지 않았답니다. 다른 포로 같았으면 몽둥이찜질은 물론이고 목숨이 남아나지 않았을 텐데 말입니다. 물론 당사자는 두려움에 떨었지만요. 언젠가 내 인생보다 훨씬 놀랍고 재미있는 그 사람 얘기를 하고 싶습니다."(『돈끼호떼』 1부 41장)

알제의 새로운 왕 하산 바하 앞으로 끌려간 탈주자들은 (달리 마미는 아직 알제로 돌아오지 않았다) 말 그대로 갈림을 당했다. 하산 바하는 탈주자를 하나씩 꺼내 불구자로 만들었다. 다리를 부러뜨리고 머리통을 깨 버리고 혀를 잘라내고, 얼마나 견디는지 실험해 보기 위해 햇빛도 들어오지 않는

지하 독방에 가둬 두고 물과 빵만 주었다. 그곳에선 하루가 일주일처럼 일주일이 몇 달처럼 한 달이 평생처럼 흘러가는 곳이다. 그곳에서 들을 수 있는 소리는 지하를 흘러 다니는 물소리와 쥐들의 탭댄스뿐이다. 대개는 한 달을 넘기지 못하고 죽거나, 살아 나왔다 해도 한쪽 눈을 잃거나, 넓은 장소에서는 몸을 가누지 못한다든가, 끊임없는 발작을 일으켜 결국 누군가의 손에 죽임을 당하기 마련이다. 세르반떼스는? 구타 한번 당하지 않았고 욕설조차 듣지 않았다. (목격자의 증언이다.)

세르반떼스의 두 번째 탈출은 놀랍게도 현장 기록이 남아 있다. 디에고 데 아에도는 이렇게 썼다. "그들은 모두를 끌고 갔다. 그중 알깔라 데 에나레스 출신의 세르반떼스라는 사람은 팔과 다리가 묶인 상태였다. 그는 자신이 탈주를 주도했다고 자백한다. (…) 미겔 데 세르반떼스의 포로 생활과 무훈담은 특별한 이야깃거리가 아닐 수 없다."

1578년 3월, 세 번째 탈주 시도. 미겔은 방법을 좀 바꿨다. 오란 주둔군 스페인 사령관인 돈 마르띤 데 꼬르도바에게 보내는 편지를 믿을 만한 무어인을 통해 보내려고 했다. 전령은 중간 지점에서 체포되었고 편지는 발각되었으며, 터키인들은 전령을 창으로 찔러 죽였다. 하산 바하는 미겔에게 태형 2,000대를 선고했다. 실현할 수 없는 처벌이다. 그 현장에 함께 있었던 증인의 말에 의하면, 모두가 나서서 사면을 빌었고 하산 바하는 미겔을 용서했다.

1579년 가을, 마지막이자 네 번째 탈출 시도. 미겔은 포로 중 VIP만을 모았다. 전직 관료들, 장교들, 귀족들. 그중에는 발레시아의 유명한 상인이었던 오노프레라는 사람도 있었고, 그의 돈으로 배를 구입할 수 있었을 것이다. 모든 것이 완벽하게 돌아가는 듯했지만, 이번의 밀고자는 후안 블랑꼬 데 빠스라는 전직 도미니카 종단의 신부였다. 아스뜨라나 마린은 빠스의 가문이 유대-무어인의 혼혈 혈통임을 밝혀냈다. 또 아스뜨라나 마린은 밀고의 원인이 자신을 탈주자 명단에 끼워주지 않은 데에 대한 보복이었다는 사실도 밝혀 주었다. 세르반떼스는 몇 달 동안 은신해 있다가 스스로 하산 앞에 나가 자신이 주도했다고 자백했다. 하산은 이번에도 세르반떼스를 용서하지만 궁전의 특별 바뇨에 감금함으로써 사실상 탈주는 불가능해진다. (밀고자가 받은 것은 금화 1에스꾸도와 항아리에 담긴 버터가 전부였다.)

역사에 관심을 가진 독자라면 탈출을 기록했다는 문건에 대해 궁금해하는 것이 당연하다. 디에고 데 아에다의『알제의 지형과 역사』는 16세기 후반 알제의 지형과 풍습, 스페인 포로들의 비참함을 기록한 책이다. 모두 5부로 구성되었고, 1부는 알제의 지형과 요새들, 주민들의 일상과 풍습을 기록하고 있고, 2부는 알제 왕들의 역사를 다루고 있다. 3부, 4부, 5

부는 대화체로 쓰인 것이다. 3부와 4부는 포로들 사이의 대화를, 5부에서는 기독교 포로와 무슬림이 종교에 대해 토론한다. 저자인 디에고 데 아에도는 베네딕트 종단 신부로 세르반떼스와 함께 포로 생활을 하면서 틈틈이 자신이 관찰한 것을 노트했고, 스페인으로 돌아와 1621년 발렌시아에서 책을 출판했다. 1940년대까지는 그렇게 믿었다. 다시 아스뜨라나 마린이 문제를 제기했다. 디에고 데 아에도는 알제에 가본 적이 없다. 그는 디에고 데 아에도와 함께 베네딕트 신부였던 안또니오 데 소사야말로 진짜 작가라고 주장했다. 소사는 세르반떼스와 같은 시기에 2년 동안 포로 생활을 하다가 석방되었다. 더구나 3부에서 5부로 이어지는 대화에서 그는 핵심적인 인물로 소개된다. 세르반떼스가 진짜 작가라고 주장하는 학자도 있다. 군인이 아니면 알 수 없는 군사적인 지식이 들어 있다는 것이 이유였다. (세상에!) 캐릭터를 창조해내거나, 누구도 생각해 보지 않을 새로운 이야기를 들려 주거나, 따뜻하고 기발한 대화로 독자를 끌어들이는 데 있어서 세르반떼스를 능가할 사람은 없다. 나는 내가 읽어본 세상의 소설들을 떠올리며 단정하는 투로 말하고 있는 것이다. 그러나 관찰력이 뛰어나다거나, 관찰의 결과를 사실적인 언어로 옮기는 데 재능이 있다거나 하는 판단은 해 본 적이 없다.

포로들 혹은 소사 신부가 아에도 신부에게 들려 주었다고 생각하면 안 될까? 아스뜨라나 마린은 그럴 수 없다고 한다. 눈으로 직접 본 사람이 아니면 기록할 수 없는 내용이 수두룩하다는 것이다. 기본적인 질문은 여전히 남는다. 안또니오 데 소사가 작가라면 왜 자신의 이름을 책 표지에 달지 않았을까? 완전히 감춘 것도 아니고 대화자로 이름을 남긴 이유는?

한 가지는 분명하다. 『알제의 지형과 역사』에 세르반떼스라는 이름이 적히지 않았다면, 우리는 자연스럽게 디에고 데 아에도를 저자로 생각했을 것이며 알제 역사가들을 빼고는 누구도 그 책을 기억하지 않을 것이다.

부모들은 구명 운동을 계속했다. 그 몸부림의 흔적이 여기저기 남아 있다. 예를 들면, 1578년 3월 17일, 아버지는 까스띠야 위원회가 청문회를 열도록 하는 데 성공했다. 아들이 훌륭한 군인이었으며 레빤또에서 왼팔을 잃기까지 했다는 사실을 증인들의 말을 통해 입증했다. 1580년 5월 말, 뜨리니다드 종단 신부들인 후안 힐과 안또니오 델라 베야가 알제에 도착했다. 가족들이 모은 돈은 300두까도. 하산 바하는 500두까도를 고집했다. 후안 힐 신부가 팔을 걷어붙였다. 힐 신부는 알제를 출입하는 기독교 상인들을 설득해서 대출금으로 200두까도를 얻어내는 데 성공한다. 간단하게 말했지만 100일이 넘게 걸린 고통스런 시간이었다. 힐 신부가 500두까도를 들고 하산 바하에게 달려갔을 때, 하산은 알제에서의 임기를 마치고 콘스탄티노플로 가기 위해 미겔을 데리고 배에 오르고 있던 중이었다. (사실이다!)

1580년 10월 27일 미겔은 저 멀리 모습을 드러내는 스페인 해안을 볼 수 있었다. 5년 1개월의 포로 생활. 후안 힐 수사의 노력이 없었더라면, 미겔은 콘스탄티노플에서도 탈출을 시도했을까?

큰 문장이 아직 써지지 않은 채 남아 있다. 단 하나의 큰 문장. 세르반떼스는 왜 밝히지 않았을까? 가족들이 친구들이 만나는 사람 모두가, 그리고 지금도 그를 알고 싶은 모든 사람이 묻는다. 하산 바하는 왜 당신을 용서했나? 왜 네 번이나 용서했나?

당신은 무조건적인 존경을 받았다.

당신에게는 불경한 매력이 있었다.

당신은 세헤라자드였다.

당신은 탈출을 시도한 적이 없다.

마침내, 동성애 시대를 살고 있는 우리는 당신을 게이라고 생각하게 되었다. 하산 바하도 게이였다. (리옹 대학의 루이 꽁베 교수는『세르반떼스 혹은 욕망의 불안』에서 당신의 호모섹슈얼리티와 마조히즘을 연구했다.)

4. 굶기의 예술 그리고 에스끼비아스에서

이슬람 지역에서 돌아온 포로들은 포로 생활 중에 기독교인으로 품위를 떨어뜨리는 행동을 보이지 않았으며 이슬람으로 개종하지도 않았다는 사실을 증명해야 했다. 1580년 10월 27일 미겔과 포로들은 데니아 해안에 도착한다. 그곳에서 모든 포로들에 대한 심문이 진행되었다. 후안 데 힐 신부를 비롯한 11명의 증인이 미겔의 종교적 결백을 입증했다. 며칠 후 데니아를 떠나 발렌시아로 이송된 포로들은 관례에 따라 시가행진을 벌였다. 발렌시아를 출발하여 마드리드에 도착했을 때는 1580년 12월 중순이었다. 도망자가 되어 스페인을 떠난지 11년만이었다. 옛날의 상해사건을 과연 잊었을까? 혹시 거리에서 미겔을 알아보는 사람이 있지는 않았을까? 미겔의 나이 33살.

마드리드에서 상봉한 미겔과 가족들은 인질 구출을 위한 거대한 자금 때문에 파산에 이르렀다. 이제는 완전히 귀가 멀어 버린 아버지는 실직 상태였고 어머니는 인질금을 보충하기 위해서 혼신의 힘을 기울이고 있었다. 루이사는 알깔라의 까르멜리따 종단의 수녀였고, 동생 로드리고는 포르투칼에 파병되어 있었다.

미겔은 군인과 작가 사이에서 미래를 고민한 것으로 보인다. 갈등의 흔적을 우리는『돈끼호떼』에서 주인공이 펼치는 "문과 무의 비교" 강연에서 엿볼 수 있다.

『돈끼호떼 1부』에서 주인공의 모험이 후반부로 넘어가며 그동안에 주변을 맴돌던 인물들이 간격을 두고 속속들이 주막에 모여든다. "까르데니오 이야기"의 인물들인 까르데니오, 도로떼아, 루스신다, 페르난도, 그리고 친구를 집으로 데려가려는 신부와 이발사, 주막의 식구들인 주막 주인과 그의 아내, 딸, 하녀인 마리또르네스. 세르반떼스는 처음으로 자전적인 이야기를 꺼내든다. 포로와 소라이다가 주막에 도착한다. 이제 그들이 사연을 들려 주려는 순간, 돈끼호떼가 나서 문과 무에 대해 연설한다. 그동안 환영에 사로잡혔던 주인공의 현란한 논리가 사람들을 감동시킨다.

"선비의 가난을 거론했으니, 그러면 무인의 형편은 어떤지 봅시다. 무인보다 더 궁핍한 사람은 없다는 걸 알게 될 겁니다. 봉급도 보잘것없지만 늦게 받거나 아예 받지 못하는 경우가 다반사죠. 어쩔 수 없이 양심을 내동댕이치고 생명을 걸고라도 자기 손으로 훔쳐서라도 먹고 살아야 합니다. 때론 너무 입을 것이 없어 칼집 때문에 구멍이 숭숭 뚫린 내복 하나로 겉옷을 삼고 속옷으로 삼기도 하죠. 한겨울에는 하늘의 가혹함으로 오도 가도 못 한 채 확 트인 벌판에서 야영을 합니다. 이들은 오직 입김으로

만 버티는데 텅 빈 뱃속이라 차가운 입김만 나올 뿐입니다. (...) 가난과 궁핍이 선비가 두려워하는 대상이라면 무인의 두려움은 차원이 다르죠. 요새가 적군에게 포위당했다고 가정해 봅시다. 망루나 초소에서 보초를 서고 있는데 자기가 있는 곳으로 적군이 시시각각 땅굴을 파며 접근해 옵니다. 그런데도 어떤 일이 있어도 그곳을 지키며 적의 위협을 피해서는 안 되죠. 그 두려움을 생각해 보세요. 그때 군인이 해야 할 일은 대장에게 상황을 보고하여 땅굴을 막을 방책을 강구하도록 하는 것입니다. 그러고는 원래 자리로 돌아가 언제 땅 속에서 날개 없는 구름처럼 불쑥 튀어나올지 모를 적군을 생각하며 두려움에 떨고 있어야 하는 것입니다. 이 정도가 대단치 않다면, 이런 경우는 어떨까요? 넓은 바다 한가운데서 두 배가 뱃머리를 부딪치며 서로 공격하려는 상황입니다. 닻을 내리고 배가 서로 얽혀 들면 병사에게는 겨우 폭 두 자의 발판밖에는 설 자리가 없습니다. 수많은 죽음의 신들이 대포를 겨누면서 그를 위협할 때, 창과 자신의 거리가 얼마 떨어지지 않았다는 것을 볼 때 얼마나 두려울까요? 자칫 잘못해서 발을 헛디디기라도 하면 바다의 넵튠을 보게 되겠지요. 어쨌든 명예를 지키기 위해 숱한 사격대의 집중 목표가 될 각오를 합니다. 그러고는 용감하게 좁은 발판을 지나 적의 배로 건너가려 할 때를 생각해 보세요. 가장 경이로운 것은요, 그렇게 배를 건너뛰다가 한 사람이 헤어나올 수조차 없는 바닷물로 빠졌는데도 다음 사람이 그 자리를 계속 메운다는 사실입니다. 죽을 시간조차 주지 않는 거죠. 이것이야말로 전투에서나 볼 수 있

는 용기와 대담함의 극치입니다." (1부 38장)

1580년의 미겔은 1569년의 미겔과는 완전히 다른 사람이 된다. 그때부터 미겔은 자신의 이름을 어머니의 성인 꼬르띠나스 대신에 사아아베드라로 확정한다. 1578년 포로 생활 중에 이미 이 이름으로 서명한 적이 있다. (1584년에 태어난 딸에게도 그 성을 붙여 이사벨 데 사아아베드라라고 부른다.)

가족을 살리기 위해 미겔은 행동에 들어갔다. 그는 정부에 보조금을 신청한다. 레빤또 해전의 상이용사이자 전쟁포로라는 자격으로. 처음에는 "까스띠야 심의원"의 문을 두드렸고, 오 년 동안 품안에 가지고 있던 후안 데 아우스뜨리아의 추천장과 세사 백작의 추천장을 들이 밀었지만 심의원의 반응은 냉담했다. 어떤 전기 작가들은 그 당시 왕의 말구종이었던 고향친구 안또니오 데 똘레도를 찾아갔거나 마드리드 학교 동창이었던 그리고 이제는 왕실의 영향력 있는 비서관이 된 마떼오 바스께스에게 손을 벌렸을지도 모른다고 주장한다.

어쩌면 우리가 확인할 수 없는 더 처절한 시도가 있었을 것이다. 그러나 결과적으로는 모두 실패로 끝나고 말았다. 라꼬르떼(La Corte, 朝廷)를 찾아간 데서 쉽게 알 수 있다. 탄원이나 보조금을 비롯한 모든 민원의 종착지가 거기였다. 아무나 할 수 있는 것은 아니었고 적어도 하급 귀족인 이달고 정도는 되어야 했고, 국가적 공헌이 있어야 했다. 그 무렵 라꼬르떼는 엘에스꼬리알에서 바다호스로 이전한 상태였다.

왕실이 조정을 바다호스로 이전한 이유는 펠리뻬 2세의 조카이자 포르투갈의 국왕인 돈 세바스띠안이 1578년 알까사르끼비(Alcazarquibir)르 전투에서에서 사망했기 때문이다. 스페인 황제는 주저 없이 포르투갈의 왕위 계승을 주장했다. 미겔이 먼 길을 떠나 바다호스에 도착했을 때는 조정이 다시 또마르(Tomar)로 이동한 뒤였다. 1581년 5월 세르반떼스는 포르투갈의 이 도시에 도착했고 (아마도 마떼오 바스께스의 주선으로) 오란의 스파이라는 뜻밖의 계약에 서명하게 된다. 왕실이 왜 그를 북아프리카 스파이로 보냈는지는 정확하지 않지만 펠리뻬 2세의 포르투갈 왕위 계승에 반대하는 일련의 세력들이 오란에 있었을 가능성이 크다. 그 세력에 동조하는 무어인들의 동태를 파악하는 것이 그의 임무였을 것이다.

오란은 미겔이 알제에서 탈출해 목적지로 삼은 곳이었다. 400킬로미터를 도보로 걷는 무모한 계획이었다. 그런 사실을 상기하면 이번의 스파이 임무는 자연스러워 보인다. 미겔은 착수금으로 50두까도를 받았고 임무를 완수하고 돌아오면 50두까도를 받는 데 합의했다. 임무를 마치고 돌아올 무렵 조정 다시 리스본에 있었다. 미겔은 그곳에서 깊은 인상을 받았던 것 같다. 『뻬르실레스와 세히스문다의 역경』에는 당시의 리스본이 상세하게 묘사되어 있기 때문이다.

까스띠야로 귀환한 미겔은 살라망까를 거쳐 마드리드로 돌아온다. 스파이 역으로 미겔은 상당한 빚을 갚을 수 있었고, 스페인을 떠나기 전부터 알고 있던—대부분 마드리드 학교에서 알았던—문인 친구들과 교류를 시작했다. (그중 가장 친했던 라이네스는 나중에 죽음이란 방식으로 미겔이 배우자를 만나는 데 기여한다.) 미겔이 군인과 작가의 선택에서 작가의 길로 완벽하게 돌아섰다는 증거는 이들과의 관계에서 드러난다.

이 무렵 미겔은 신대륙에서 직업을 얻기 위해 두 번 구직 신청서를 제출했지만 신대륙위원회는 전쟁 영웅의 구직을 거부했다. (십 년 후 미겔은 다시 신대륙 진출을 시도한다.)

전업 작가의 길로 들어서서 세르반떼스가 선택한 장르는 꼬메디아(comedia)였다. 어린 시절 로뻬 데 루에다에 대한 열광을 비롯해 연극에 대한 작가의 열정은 『돈끼호떼』를 비롯한 여러 작품, 예를 들어 『8편의 꼬메디아와 8편의 엔뜨레메스』와 『빠르나소 여행기』의 서문에서 읽을 수 있다.

희곡은 자금이 빨리 돌아가는 장르였다. 굳이 복잡한 출판 과정을 겪을 필요가 없었고 극단에 원고를 넘겨주는 것으로 수입을 얻을 수 있었다. (같은 이유로 꼬메디아는 살아남아 현재까지 알려지기가 쉽지 않은 장르다.) 당시 스페인 연극은 실내 무대가 있기는 했지만 대부분 꼬랄(corral)이라는 노천극장에서 행해졌다. 서유럽에서 연극이 대중적인 인기를 끄는 곳은 아직은 스페인과 영국뿐이었다. 셰익스피어가 활동할 당시에 연극 무대에 관해서는 글로브 극장에 대한 익명의 여행자가 남긴 스케치가 전부인 반면, 이 무렵 스페인 극장의 모습은 여러 장의 스케치에 기록되어 있다. 런던에서는 아직 여자 배우가 허용되지 않아 어린 남자 배우들이 여자역을

한 반면에 스페인에서는 여성 배우들이 활동하고 있었다. 현재 남아 있는 (이 무렵 집필한) 세르반떼스의 희곡은 『누만시아의 포위』와 『알제 감방』 2편뿐이지만 적어도 20편 혹은 그 이상을 집필했을 것으로 추정하고 있다. 『알제 감방』은 자전적인 이야기를 기반으로 쓴 희곡이고, 『누만시아의 포위』는 기원전 로마가 이베리아반도를 점령할 무렵 누만시아에서 펼쳐졌던 전설적인 저항을 그려낸 것이다. (아스뜨라나 마린의 발견으로 우리는 로뻬 데 루에다 극단에 배우이자 춤꾼이었던 알론소 데 헤띠노를 알게 되었다. 세르반떼스의 절친한 친구였으니 당연히 세르반떼스의 연극에서 무대에 올랐을 것이다.)

미겔은 꼬메디아 작가로 활동하면서 연극계 사람들을 알게 되었고, 젊은 유부녀와 사랑에 빠진다. 여기서 우리는 작가의 또 다른 미스터리와 대면하게 된다. 아나프랑까 데 로하스(Anafranca de Rojas)는 미겔이 자주 들락거리던 따베르나 주인의 아내였다. 얼마 후 그녀와의 사이에 딸을 낳는다. 1584년, 미겔은 35살이고 아나프랑까는 19살. 미겔은 딸에게 이사벨이라고 이름을 붙여 준다. 따베르나 주인은 어떻게 된 것일까? 그는 사실을 알고도 모른 척한 것일까? 우리가 알고 있는 사실은 그녀가 아이를 키웠고 세월이 지나 세상을 떠났을 때 미겔이 아이를 데려다 키웠다는 것이다. (미겔이 나중에 세금 징수원 생활을 할 때 적어도 한 번은 그녀를 찾아간 적이 있다는 증거가 있다.)

아스뜨라나 마린의 탐문 수사 덕분에 상황은 조금 더 명확해졌다. 아나의 남편 이름이 알론소 로드리게스라는 것과 1599년 아나가 타계했을 때 남편은 이미 세상을 떠난 뒤라는 사실. 1599년이면 안달루시아 세금 징수원의 마지막 시기였다. 아스뜨라나 마린이 발견한 서류는 후견인 인정서였다. 15살에 고아가 된 이사벨의 후견인은 미겔의 누이 막달레나였다. 미겔은 아내에게 이사벨의 존재를 고백할 수 없었다. 그렇지 않았다면 막달레나 딸의 후견을 누이에게 부탁하지 않았을 테니까. 딸은 평생 미겔을 아버지가 아니라 삼촌이라고 불렀을 것이다. 미겔에게는 조카딸이 되는 셈이고, 『돈끼호떼』를 읽은 독자라면 쉽게 첫 장면을 떠올릴 수밖에 없다.

> "그의 집에는 마흔이 넘은 가정부와 채 스무 살도 안 된 조카딸 그리고 정원을 가꾸고 말안장도 채우고 들일을 거두는 젊은 하인이 있었다. 우리의 이달고는 이미 오십 줄에 들어섰는데 근엄한 표정에 피골이 상접했고 얼굴색은 어두웠지만, 부지런하기 이를 데 없었고 사냥을 좋아했다." (1부 1장)

5. 왜 그랬을까?

바야돌리드에서 에스끼비아스로 가는 시외버스는 하루에 한 번밖에 없다. 나는 하루를 바야돌리드에서 잘 것인가 차를 빌려 오늘 안에 에스끼비아스를 볼 것인가를 두고 망설이는 척하고 싶었지만 결과는 뻔했다. 가 보지 않아도 그곳을 안다고 말한다면, 누구를 만나지 않아도 그 사람을 안다고 말한다면, 사실은 그곳을 쉽게 갈 수 없어서 그 사람을 쉽게 만날 자신이 없기 때문에 그러는 것이다. 관점의 동일시에 대한 공포심. 그들이 말한 그 장소가 내가 말하게 될 그 장소가 같을 수 있다는 가능성에 대한 끔찍함.

아스뜨라나 마린은 1940년대의 에스끼비아스를 사진으로 찍어 자신의 책에 넣었다. 안드레스 뜨라삐에요(Andrés Trapiello)는 1993년에 그곳을 방문했다. 마린의 사진기 안에 담겨있던 까스띠야풍의 건조하고 신앙심으로 가득한, 삶의 무게를 지닌 가난이 품고 있던 우아한 흔적은 사라졌다고 뜨라삐에요는 화를 냈다. 올리브 밭을 배경으로 초사(choza)라는 오두막들이 모여 있고 먼 지평선으로 양떼를 앞세운 늙은 목동의 솜브레

로가 지면에 널뛰기 그림자를 만들어 내던 풍경은 거대한 시멘트 공장과 산업용 도살장, 먼지투성이의 쇠락한 마을로 변했다. "새초롬한 초가집, 그 거리들의 고요함, 쓸쓸하게 잠에 빠진 촌스러운 광장. 마린의 사진에는 아직 마차의 삐걱대는 소리가 들려 온다."(Trapiello, 113-114쪽)

마린의 사진과 뜨라삐에요의 분노를 모두 겪은 나는 2019년 8월의 어느 오후 뿌조를 타고 에스끼비아스로 들어섰다. 지난 20년 동안 이 마을은 뜨라삐에요 같은 세르반떼스 애호가들의 저주를 받아들였다. 가난을 줄여 보기 위해 서둘러 지워졌던 까스띠야의 우울한 풍경은 다시 예전 가난의 모습을 되찾은 듯이 보였다. 갈라떼아 거리, 리센시아도 비드리에라 거리, 세르반떼스 거리, 둘시네아 거리. 이곳에 살았던 작가를 소유하기 위해 힘겹게 붙여진 이름들.

미겔의 마드리드 문인 친구 중 뻬드로 라이네스(Pedro Laynez)가 세상을 떠났다. 미망인이 된 후아나 가이딴(Juana Gaitán)은 남편이 떠난 지 얼마 지나지 않아 스무 살의 젊은 남자와의 결혼을 서둘렀다. (남편의 사망과 재혼 사이의 기간이 두 달밖에 되지 않아 극적인 상황으로 몰아가려는 전기 작가도 있다. 두 사람이 마을 축제에서 우연히 만나 사랑에 빠졌고 남자가 여자의 남편을 살해했다는 식으로.)

에스끼비아스가 고향이었던 그녀는 결혼식을 올리고 그곳에 새살림을 차렸다. 몇 달이 지나 마드리드에 있는 미겔에게 그녀가 전갈을 보낸다. 남편의 유고집을 내고 싶은데 도와줄 수 있느냐는 거였다. (라이네스의 유고 시집이 출간되었는지는 알 수가 없다.) 그런데 왜 미망인은 자신이 남편의 친구를 찾아가지 않고 에스끼비아스로 불러들였을까? 마드리드에서 에스끼비아스까지는 80km. 애매한 일을 도우러 가기에는 결코 가까운 거리가 아니다. 미겔은 에스끼비아스에 도착했고 출판에 관련된 몇 가지 충고를 그녀에게 해 주었다. 그리고 알 수 없는 과정을 통해 까딸리나를 알게 된다.

1584년 12월 12일 미겔은 이곳에서 결혼식을 올린다. 그는 37살 까딸리나 데 살라사르 빨라시오스(Catalina de Salazar Palacios)는 19살이었다. 결혼할 무렵의 상황은 이렇다.

1) 포로 생활에서 돌아온 미겔은 보조금을 타기 위해, 여러 위원회의 문을 두드린다. 모두 실패로 끝나자. 민원의 마지막 단계인 조정을 찾아간다. 오란의 스파이로 파견된다.

2) 두 차례에 걸쳐 리스본에 있는 신대륙 위원회에 구직 신청서를 제출하지만 모두 거절당한다.

3) 희곡작가 생활을 시작한다.

4) 자주 들락거리던 따베르나 주인의 아내인 아나프랑까와 사랑에 빠진다.

5) 목가 소설『갈라떼아』원고를 끝내고 출판 일정에 착수한다.

7) 친구의 미망인을 도우러 에스끼비아스에 갔다가 까딸리나를 알

게 된다.

6) 결혼 한달 전에 아나프랑까와의 사이에서 아이가 태어난다. 따베르나 주인과 아나프랑까가 아이를 키운다.

그 시절 에스끼비아스는 포도밭으로 유명했고 빨라시오스 집안은 작은 포도밭을 소유하고 있었다. 1582년에서 1583년 동안 세르반떼스는 『갈라떼아』원고를 완성하고 여러 서적상을 물색한 끝에 블라스 데 로블레스(Blas de Robles)에게 120두까도에 판권을 넘겨주었고 교정 작업을 위해 결혼 후에도 마드리드와 에스끼비아스를 사이를 수차례 오갔다.

목가 소설과 목가시는 16세기를 통털어 유럽 전역에 전염병처럼 퍼진 장르였다. 1559년 호르헤 데 몬떼마요르가 출판한 『디아나 Diana』는 짧은 기간 동안 26판을 찍었다. 완벽해 보이는 인공적인 자연과 순수한 감정이 만나는 지점은 르네상스의 이상적인 사랑과 맞물렸다. 대개 이야기는 연인의 냉대로 마을(문명)을 떠나 자연으로 숨어드는 연인의 이야기로 시작한다. 여기서 자연은 야만적인 거침이 희석되고 일정한 온도와 습도가 유지되는 자연이다. 인간은 자신의 내면을 발견하고 사랑의 힘이 죽음의 운명을 넘어선다. 『돈끼호떼』1부를 구성하는 여러 객담 중에 "그리소스또모와 마르셀라 이야기"는 전형적이 목가 소설이고, 뒤에 나오는 "까르데니오 이야기"는 목가 소설을 보다 세속적인 공간으로 변형시킨 것이다.

르네상스와 바로크를 통틀어 유럽 작가들은 출판과 동시에 재정적인 후원자를 구하는 것이 관례였다. 책 출판 과정이 지나치게 어려웠을 뿐만 아니라 출판을 했다고 해도 재정적으로 자유롭지 않았지 때문이다. 세르반떼스는 코흘리개에 불과한 아스까니오 꼴로나(Ascanio Colona)를 출판 데뷔작의 메세나로 삼는다. 이 후원자는 재정적으로 거의 도움을 주지 못했고 세르반떼스는 그 이후 이 이름을 거론하지 않았다. (그 후 책을 낼 때마다 세르반떼스는 메세나를 찾아냈다.)

간통은 19세기 낭만주의 시대까지는 흔한 것이었다. 19세기에 이르러 사랑에 윤리가 끼어들었고 간통은 문학의 소중한 재료가 된다. 미겔이 꼬메디아와 목가 소설을 쓰며 젊은 유부녀에 빠진 것은 특별한 사건은 아니었다. 특별하다면 여자가 남편과 함께 딸을 키우고, 미겔이 누이에게 삶의 거대한 부담을 안기면서까지 끝까지 딸을 지키려 했던 것이다. 의문은 계속될 수 있다. 아나프랑까의 남편인 알론소 로드리게스는 사실을 알고 있었을까? 아나프랑까는 남편을 속여 자신들의 딸이라고 믿게 했을까? (남편과 닮은 데가 없는 딸을?) 아이가 태어난 지 한 달 만에 다른 여자와 결혼식을 올린다? 꼰베르소라는 신분과 불안정한 삶에서 벗어나기 위해 포도밭을 소유한 정통한 기독교 집안과 서둘러 혼인한 것일 수도 있다. 몇 년 후 우리는 또 다른 미스터리와 대면하면서 까딸리나에 대한 미겔의 애정에 의문을 갖게 된다.

미겔의 식구들은 아무도 결혼식에 참석하지 않았다. 까딸리나는 몇 달 전 아버지가 세상을 떠나 아직 상중이었기 때문에 결혼식은 요란하지 않게 치러졌다. 신혼부부는 장모 집에 살았다. 미겔은 한동안 집필에 몰두했다. 이 무렵 그는 세 편의 꼬메디아를 완성했다. 「혼란한 여자 La confusa」 「콘스탄티노플 협상 El trato de Constantinópola」 「셀림의 죽음 La muerte de Selim」 「혼란한 여자」는 1590년 부활절에 공연된 기록이 있으며, 세르반떼스는 스스로 가장 성공한 꼬메디아라고 평가했다.

그런데 세르반떼스에게 무슨 일이 있었던 것일까? 오 년 동안 스무 편 이상의 희곡과 만만치 않은 목가 소설을 생산한 작가가 뚝 하고 펜을 꺾어 버린 것이다. 친구들의 책을 장식하기 위해 쓴 몇 편의 격려시를 제외하면, 이후 이십 년 동안 그는 창작과는 먼 생활을 했다. 왜 그랬을까? 대성공을 거둔 꼬메디아, 혼신을 다해 막 출판한 목가 소설을 뒤로 하고 다른 길로 접어들었다? (이 무렵 아버지 로드리고 데 세르반떼스가 타계한다. 그 충격이었을까? 드물게 다정한 아버지의 죽음 때문에?…)

그리고 또 다른 미스터리. 신혼이 지나갈 무렵 미겔은 에스끼비아스에 아내를 두고 세비야로 간다. 28개월의 결혼 생활. 미겔은 똘레도의 공중인 사무실에서 (아내가 부재한 상태에서) 모든 재산을 아내의 처분에 맡긴다는 일종의 재산 포기 각서를 작성한다. 아내는 병든 어머니와 어린 남동생을 돌봐야 했다.

이유는?

세르반떼스를 찾아서

- 아내에 대한 애정이 없었다.
- 우리가 알 수 없는 이유로 혼자 있기를 원했다. 그러나 작가 특유의 고독과는 거리가 먼
- 피의 순혈이 목적이었고 이제 정통한 기독교 집안과 인연을 맺었으니…
- 겉으로는 풍요해 보이지만 사실은 재정적인 위기에서 벗어나기 위해.
- 답답한 라만차 지방의 시골 마을을 벗어나 세비야라는 화려한 대도시에서 활동하고 싶어서.

이후 12년 동안 미겔은 무적함대 전투를 위한 군수품 징수관, 다음에는 세금 징수원으로 안달루시아의 수많은 마을과 수많은 길과 수많은 여관을 전전한다. 올리브유와 밀의 할당량을 채우기 위해 징수 대사자들과 언쟁과 몸싸움을 끊임없이 벌여야 하는 피곤하고 비참한 작업이었다. 초라한 여관에서 불안정한 수면을 취하고 그곳에서 함께 밥을 먹고 대화하는 사람들은 글쟁이 이달고로서는 낯선 인물들이었을 것이다.

징수관들은 의심을 달고 다니는 직업이었다. 부정행위도 다반사였고 쉽사리 증오의 대상이 되는 탓에 모함에도 취약했다. 미겔은 처음부터 난관에 부딪힌다. 에르시하(Ércija) — 뜨거운 안달루시아에서도 '태양의 냄비'로 불리는 곳 — 는 징수관으로 그에게 떨어진 첫 번째 마을이었다. 거

칠고 서투른 공출은 곧바로 저항을 불러왔고 할당량을 채우기 위해 교회 소유의 땅을 건드리다 파문을 당한 것이다. 두 번째 파문이 얼마 후에 벌어진 사실은 그 무렵 징수 과정에서 파문이 흔한 일이었다는 것과 복권 역시 어렵지 않았다는 것을 보여준다.

아스뜨라나 마린이 찾아낸 세르반떼스의 서류 중 상당수가 이 기간에 집중되어있다. 전설적인 작가의 자필 서명이 새겨진, 그의 호흡과 손의 움직임을 느낄 수 있는 깃털 자필 서명이 딸린 서류들. 그가 언제 어디 있었고 징수한 올리브와 곡물의 양을 알려 주는 서류들은 또한 한계를 보여주기도 한다. 행정적인 서류에는 작가의 개인적인 흔적이 남아 있을 여지가 없기 때문이다.

1588년 5월, 이 모든 징수 작업의 궁극적인 목적이었던 무적함대가 리스본에서 영국을 향해 출항한다. 승리를 확신한 스페인에는 이미 전승을 축하하는 분위기가 감돌았고 시인들은 승리의 시를 썼다. 시에서는 늘 평범했던 세르반떼스 역시 평범한 시를 남겼다.

6. 『돈끼호떼』 1부의 탄생과 창작의 절정

무적함대의 시대가 저물어 가자 미겔은 세비야를 떠나 마드리드로 간다. 세비야에서도 글쓰기 작업을 했을까? 그것을 추측할 수 있는 문서가 남아 있다. 미겔 데 세르반떼스라는 이름이 책 경매 목록에 기록되어 있기 때문이다. 미겔은 5권의 책을 구입했는데, 모두 상당한 값이 나가는 것이었다.

1589년 겨울 무렵에 아내를 만나기 위해 마드리드에서 에스끼비아스를 왕래했다. 또한 마드리드에 살고 있는 아나비야프랑까를 방문했을 가능성이 높다. 뚜데스꼬스 거리(la calle de Tudescos)의 술집 주인인 남편은 세상을 떠난 뒤였다. 문학 친구들을 만나면서 창작 의욕이 되살아났고 『돈끼호떼』 1부에 삽입되는 객담 「지나치게 호기심이 많은 남자」와 모범소설 「질투심 많은 엑스뜨레마두라인」을 이 시기에 썼다는 주장도 있다. 시기가 언제가 됐든 두 작품의 주제가 질투인 만큼 그럴듯한 주장이다.

「지나치게 호기심이 많은 남자」는 친구를 설득하는 기나긴 과정 끝에 아내를 유혹하도록 하는 남편을 다룬다. 세르반떼스는 유혹의 단계를 정확하게 계산한다. 페이스를 지키려고 애를 쓰며 더 빠르게도 더 늦게도 나아가지 않는다.

「질투심 많은 엑스뜨레마두라인」은 신대륙에서 부자가 됐지만 이제는 노인이 된 남자가 어린 아내를 필사적으로 지키려는 이야기다. 노인은 집의 공간을 겹겹으로 쌓아 둔다. 세르반떼스는 그 견고함에 상당한 공을 들인 뒤 조금씩 허물어져 가는 과정을 보 여준다.

하나는 시간의 벽이고 다른 하나는 공간의 벽이다.

1590년 미겔은 다시 안달루시아의 세금 징수관으로 돌아온다. 세비야 지역의 작은 도시 까르모나(Carmona)에서 두 번째 징수관 생활을 시작했다.

그 생활이 남긴 행정적인 흔적들은 세르반떼스의 존재를 물리적으로 증명하고, 그곳을 걸어 다니고 우리가 지금 보고 있는 그 서명을 하기 위해 깃털 펜을 들어 잉크에 적시는 모습을 그려볼 수 있다. 그것만 해도 사백 년 전이라는 서사시의 시간으로 우리를 데려다주는 감동이 있기는 하다. 그러나 내면의 터널이 되어 주지는 못한다. 내면까지도 아니고 일상의 겉모습조차도, 세르반떼스 시절에는 일기를 작성하는 개인적인 습관이 없던 시대였다. 그 시대 작가의 사생활을 알려 주는 유일한 수단은 편지다. 미겔이 편지를 썼지만 남아 있지 않을 수도 있고 편지 자체를 쓰지 않았을 수도 있다.

기적처럼 미겔의 상황을 이해할 수 있는 서류가 남아 있다. 십여 년 전에 이어 신대륙 위원에 세 번째로 구직을 신청한다. 이력서를 동반한 구직 신청서. 미겔은 왜 그토록 미지의 땅으로 가고 싶어 했을까? 아내인 까딸리나와 상의는 한 것일까?

신대륙 구직 신청서

높으신 분에게,

미겔 데 세르반떼스 사아아베드라는 다음과 같이 증언합니다.

그는 이 땅에서 스물두 살이 되었을 때부터 수 년 동안 바다와 육지에서 폐하를 위해 봉사했습니다. 특히 그 유명한 레빤또 해전에 참전하여 무수한 상처를 입었으며, 화승총으로 인하여 팔 하나가 불구가 되기도 했습니다. 그 후에도 나바린과 튀니지, 골레따 전투에 참여했습니다. 돈 후안 데 아스뚜리아스와 세사 공작의 추천서를 품에 안고 함께 참전했던 동생과 스페인으로 귀환하던 중 갤리선 솔에서 납포가 되어 알제로 끌려 갔습니다. 인질 값을 치르기 위해 집안의 세습 재산과 부모의 부동산, 거기다 두 자매의 결혼 지참금까지 써야만 했고, 그로 인해 온 가족은 알거지가 되었습니다. 인질에서 풀려난 후 그는 포르투갈 왕국에서 그리고 동생은 산따 끄루스 후작의 지휘하에 아소레스 제도에서 폐하께 봉사하게 되었습니다. 현재 동생은 프랑드르에서 장교로 봉사하고 있으며, 그는 모스따간 시장의 편지와 공문을 가져온 덕에 오란으로 발령받았습니다. (안또니오 데 게바라의 보고서들이 증명하

> 듯이) 그 후 무적함대 업무와 관련하여 안또니오 데 게바라의 부하로 세비아에서 봉사하고 있습니다. 하오나 최근 폐하의 은총을 입지 못해, 폐하께 겸손하게 청원하는 바입니다. 현재 공석으로 되어 있는 라스 인디아스(Las Indias)의 서너 개의 직책 중 하나를 그가 맡을 수 있도록 은총을 베풀어 주시옵소서. 신그라나다 왕국의 회계 업무, 과떼말라 소꼬누스꼬 지역의 경영, 까르따헤나 갤리선의 감시인, 라빠쓰의 시장직 중, 폐하께서 은총을 베풀어 주신다면 그 어느 것도 감사히 받겠습니다. 미겔 데 세르반떼스는 유능하고 성실하며 표창할 만한 사람이며, 그의 유일한 희망은 그의 조상이 그랬던 것처럼 지속적으로 폐하에게 봉사하며 폐하를 위해 목숨을 바치는 것이기 때문입니다.
>
> (아스뜨라나 마린, 4권. 455-456쪽)

그는 먼저 자신의 이력을 세세히 적으려 애를 쓴다. 레빤또 해전에서의 활약을 부각시키고 얼마나 나라를 위해 헌신적이었는지 설득한다. 무적함대를 위한 군수품 징수관의 어려움을 토로하고 신대륙에서 다시 국가를 위해 뭔가를 하고 싶다는 희망을 내비친다. 결국 미겔 데 세르반떼스는 세 번째이자 마지막으로 거절당한다. 마흔세 살이라는 나이 때문일 수도 있고, 꼰베르소 때문일 수도 있다. 그 당시 젊은이들에게 신대륙 진출은 계급적 전복을 시도할 수 있는 유일한 기회였으니까. 「질투심 많은 엑스뜨레마두라인」에는 아메리까에서 벼락부자가 되어 돌아온, 당시로는 드물지 않은 인물을 등장시킨다.

신청서가 성공적으로 받아들여져 미겔이 아메리까로 진출했어도『돈끼호떼』를 쓸 수 있었을까? 모든 학자들이 한 번씩은 던지는 질문이다. 가정이란 늘 뇌를 피곤하게 만드는 짓이기는 하지만 말이다. 엘도라도를 찾아 20년 넘게 오리노꼬강을 헤매고 다닌 로뻬 데 아기레(Lope de Aguirre)의 광기를 생각해보면 글을 쓰기는 어려웠을 것이다. 걸작에는 바보같은 침묵의 시간이 필요한 법이니까.

그 무렵 징수한 곡물을 허가 없이 판 혐의로 미겔은 감옥에 투옥된다. 세비야 근처 까스뜨로 델 리오(Castro del Río)의 감방에 칠 개월 동안 갇히게 된다. 징수관에게는 드문 일은 아니다.『돈끼호떼』1부 서문에 나오는 한 문장 때문에 사람들은 이곳에서『돈끼호떼』를 처음으로 구상했다고 생각한다.

> "독자 여러분은 작자인 내가 내 지혜의 소산물인 이 책이 세상에서 가장 아름답고 사려 깊으며 뛰어난 책이 되기를 바라고 있다고 생각하겠지요. 그러나 자신을 닮은 것을 잉태한다는 자연의 순리를 거스를 수는 없습니다. 그러니 빈약하고 연마되지 못한 나의 재능으로 무엇을 탄생시킬 수 있었겠습니까? 늙고 깡마른 데다가 어느 누구도 상상할 수 없을 이상한 생각으로 가득 찬 한 늙은이가 고작이죠. 온갖 불편함

과 슬픈 탄식만이 존재하는 감옥에서나 태어날 법한 그런 작품입니다. 평온, 아늑한 공간, 들판의 안락함, 고즈넉한 하늘, 시냇물의 속삭임, 영혼의 만족은 가장 메마른 뮤즈조차도 많은 아이를 낳게 하고 이 세상을 경이와 기쁨으로 가득 차게 할 수 있습니다. 못생기고 볼품없는 아들을 둔 아버지는 자식에 대한 사랑으로 눈이 멀어 결점을 보지 못하고 오히려 그것을 잘나고 똑똑한 것으로 여겨 친구들에게 자랑을 늘어놓는 법입니다."

(이렇게 상상할 수도 있다.)

세르반떼스가 공금횡령 죄로 세비야 감방에서 죄수생활을 할 때 (이미 알제리에서 특수 감방을 경험한 그로서는 큰 불편은 아니었다.) 돈끼호떼가 그를 찾아왔다. 돈끼호떼는 자신의 경험을 소설로 써 달라는 제안을 했다. 조건은 집필 기간 동안 매일 5레알의 급료 — 달걀 한 줄을 사먹을 수 있는 액수 — 와 똘레도에서 생산된 양질의 종이, 세르반떼스가 좋아하는 진줏빛 검은 잉크, 공작 깃털이 달린 펜을 제공하는 것이었다. 세르반떼스는 그 제안을 거부했다. 그가 말했다. 자신은 그런 글을 써 본 적이 없다고. 더구나 오래 전에『갈라떼아』라는 목가 소설을 출판한 게 전부라고. 그런 나를 어떤 서적상이 출판이나 해주겠습니까? 일주일 후에 돈끼호떼는 급료는 9레알로 올렸다. 궁핍한 세르반떼스는 인내심의 한계를 드러내고 말았다. 간수가 던져 주는 물과 빵으로 연명하며 작품에 몰두하려고 했다. 돈끼호떼는 이야기의 형태를 들려 주고 세르반떼스는 그것을 기억에 저장했다가 잉크로 재현했다.

『돈끼호떼』집필 시기를 조금 더 뒤로 할 수도 있다. 1차 출정을 떠났던 돈끼호떼는 여관을 성, 여관 주인을 성주로, 여관 앞을 서성거리던 창녀들을 귀부인으로 착각한다. (1부에서 주인공은 지속적으로 시각적 착각을 일으킨다.) 아직 기사 임명식을 치르지 않아 아무 사건도 일어나지 않는다고 판단한 돈끼호떼는 여관 주인에게 의식을 치러 달라고 매달린다. 우리는 성스러운 중세적 기사 임명식이 희화화되는 것을 목격한다. 현왕 알폰소 10세가『칠부법전』에서 규정한 엄격한 의식(儀式)은 높은 곳에서 낮은 곳으로 곤두박질친다. 가짜 성주는 무릎 꿇은 돈끼호떼에게 의례문 대신에 숙박 장부를 읽어 내려가고, 두 명의 귀부인 대신에 (성실한 작가가 미리 준비해둔) 두 명의 창녀가 칼과 박차를 돈끼호떼에게 채워준다. 모험을 떠나기에는 준비가 허술하다는 가짜 성주의 충고를 듣고 주인공은 일단 집으로 돌아가기로 마음 먹는다. 이제 막 기사로망의 주인공으로 변신한 이달고가 어정쩡한 모험을 겪고 있는 동안 집에서는 소동이 벌어진다. 조카딸과 가정부, 이달고의 친구들인 신부와 이발사가 가출의 원인을 분석한다. 그들은 이달고의 서재가, 그곳의 책들이 원인이라는 결론을 내린다. 돈끼호떼가 도착하고 잠이 든 사이에 가정부는 아궁이에 불을 지피우고 신부가 책을 심판한다. 모두 28권이 심판대에 오르고 그중 13권이 아궁이로 던

져지고 13권이 살아남게 된다. 2권은 보류되는데 작가는 그중에 데뷔작 『갈라떼아』를 살짝 끼워 넣는다.

> 이발사: 미겔 데 세르반떼스의 『갈라떼아』입니다.
>
> 신부: 그 세르반떼스라는 사람도 내 오랜 친구라네. 시보다는 불행에 더 익숙해 있는 사람이지. 그 책은 창의적인 면모가 있음에도 불구하고 시작은 좋은데 결론은 없는 단점이 있지. 그렇기 때문에 2권을 기다려 볼 만한 책이라네. 지금은 좀 부족할지라도 조금 수정한다면 꽤 좋아질 수도 있어. 그때까지 자네 집에 보관해 두게. (1부 6장)

여기에 나오는 책들이 모두 1592년 이전에 출판된, 실제로 존재하는 책들이기 때문에 그때를 집필 시기로 판단할 수도 있다.

1599년 말 혹은 1600년 초에 미겔은 오랜 세금 징수관을 접고 아내가 있는 에스끼비아스로 돌아간다.

1598년 펠리뻬 2세가 세상을 떠나고 펠리뻬 3세가 왕이 되었다. 펠리뻬 2세는 광신적이고 금욕적인 왕이었다. 궁전이자 수도원인 엘에스꼬리알을 건축하고 제국의 상징으로 삼았으며, 평생 유럽의 여기저기를 들쑤시고 다니던 아버지 까를로스 1세와는 정반대로 서류더미에 묻혀 평생을 살았다. 펠리뻬 3세는 엄숙한 분위기에 성장했고 스무 살에 제국의 황제가 되자 그동안의 분위기를 벗어나고 싶었다. 재위 내내 그의 총신이 되는 레르마 공작의 충고를 받아들여 새로운 황제는 왕실을 마드리드에서 바야돌리드로 결정한다. 수많은 세력의 반대를 무릅쓸 만큼 새로운 황제는 성장기의 도시를 떠나고 싶어 했다.

1603년 왕실 이전이 완료되었을 때 미겔은 이곳에서 새로운 가족을 이끌게 된다. 아내 까딸리나, 누이들인 안드레아와 막달레나, 안드레아의 딸과 자신의 딸 이사벨. 아내인 까딸리나는 이사벨이 막달레나의 딸이 아니라 남편이 아나비야프랑까와 사이에 낳은 자식임을 알게 되었을까? 미겔과 까딸리나는 왜 아이를 낳지 않았을까?

1604년 여름 세르반떼스는 바야돌리드의 그 집에서 『돈끼호떼 1부』의 원고를 마무리한다. 20년 전 『갈라떼아』를 출판했던 블라스 데 로블레스는 이미 세상을 떠났고, 새로운 원고를 기꺼이 맡은 사람은 아들인 프란시스꼬 데 로블레스였다. 그는 인쇄공 후안 데 꾸에스따에게 인쇄 작업을 맡긴다. 그 당시의 인쇄는 상당한 기술과 노동력을 필요로 하는 것이었다. 완벽한 수작업이었으며 글자 하나하나를 활자로 재구성하여 그것을 활판에 끼워 넣어 적당한 크기의 절지에 인쇄하는 작업이었다. 그해 말까지 작가와 서적상은 복잡한 과정에 착수한다. 그들은 다음과 같은 과정을 겪는다. (당시의 출판 과정이다.)

1) 왕실의 출판 허가를 위해 왕의 대리인에게 책의 내용을 요약한 신

청서를 제출한다.

2) 왕의 대리인의 서명이 끝난 후,

3) 이번에는 왕실 위원회가 추천한 작가들로 구성된 검열 위원회의 심의를 받는다.

4) 심의를 통과하면 판권을 위한 법적 처리가 진행되고

5) 이어서 원고가 출판될 도시의 가톨릭 사제가 출판 인증을 한다.

6) 책을 판매할 때는 교정표와 인지를 의무적으로 붙여야 한다.

7) 출판의 최종 단계는 메세나와 추천인을 물색하는 것이다.

세르반떼스와 서적상 로블레스가 이 모든 과정을 거쳤을 때는 1604년 12월 중순이었다. 그들은 출판 연도를 1605년으로 하자는 데 합의했다. 로블레스 가문은 마드리드와 바야돌리드에 몇 개의 서점이 있었고, 1605년 1월에 『돈끼호떼 1부』가 서점에 진열된다. (우리는 그 시절 서점의 모습이나 진열된 책들을 상상해 본다.)

성공은 크고 빨랐다. 두 달 만에 마드리드를 벗어나 여러 도시로 번져갔고, 6개월이 되자 돈끼호떼와 산초는 대중적인 이미지가 되어 카니발과 종교적 축제에 모습을 드러냈다. 소설의 유입과 독서가 금지된 신대륙까지 흘러들어 갔고 사람들은 두 영웅에 대해 거리에서 소근거렸다.

작품이 거대한 성공을 목격하고 있는데 정작 작가는 일상에서 편하지 않았다는 증거가 남아 있다. 1) 그렇게 가고 싶었던 나폴리 여행이 좌절

된 것이고, 2) 어느 날 아침 일어나 집의 대문을 열었을 때 피투성이의 젊은이가 죽어 가는 것을 발견한 것이다.

1) 레모스 공작은 당대 거장들의 메세나였다. 젊은 나이에도 불구하고 레모스 공작은 공고라와 께베도 그리고 로뻬 데 베가를 후원했다. 그를 메세나로 받아들일 수 있다면 작가로서 성공했다는 객관적인 증거였다. (세르반떼스는 간신히 메세나 클럽에 가입했고, 나중에 『모범소설』에서 공작에게 경배를 바친다.) 펠리뻬 3세는 공작을 나폴리 총독으로 임명했다. 공작은 나폴리로 부임할 때 관례에 따라 수행원이 필요했고 측근이자 시인인 루뻬리오 레오나르도 데 아르헨솔라에게 그 일을 위임했다. 나폴리는 세르반떼스가 젊은 시절을 보낸 곳이다. 세르반떼스는 여러 작품에서 나폴리를 세상에서 가장 멋있고 활기 있는 도시로 묘사하곤 했으며 언제나 그곳으로 돌아가고 싶어 했다. 세르반떼스는 기회를 놓치고 싶지 않았고 친분이 꽤 두터운 아르헨솔라가 자신을 선택할 것을 확신했다. 결과적으로 세르반떼스는 나폴리에 가지 못했다. 아르헨솔라는 자신보다 명성이 높아진 세르반떼스를 끼워 넣고 싶지 않았던 것이다. (의견을 달리하는 학자도 있다. 육십 대에 들어선 작가를 수행원에 넣기에는 불편하지 않았을까?)

2) 이제는 집 앞의 살인 사건의 전모가 밝혀졌다. 마드리드의 미겔의 집, 현재는 마드리드에서 가장 오래된 라스뜨로(Rastro) 지역의 레온 거리(la calle de León)의 집 앞에서 미겔의 식구들은 1605년 6월 27일 가스빠르

데 에스뻴레따가 피투성이가 된 것을 발견했다. 간밤에 괴성과 함께 도와 달라는 외침을 들었지만 드문 일이 아니어서 누구도 관심을 보이지 않았었다. 가족은 청년을 집으로 들여 일단 목숨을 건지려 했다. 막달레나와 그녀의 딸 꼰스딴사 그리고 이사벨이 치료에 나섰지만 (그들은 의사를 부르지는 않았다.) 이틀 만에 청년은 죽고 만다. 마드리드 시장이 개입했고 미겔과 식구들은 한 명씩 불려가 굴욕적인 취조를 받아야 했다. 이웃들도 취조를 받았다. 그 과정에서 가족의 사생활이 드러나고 특히 이사벨의 문란한 생활이 입에 올랐다. 미겔은 수감되었다. 며칠 후 살인 사건의 내막이 밝혀졌다. 아내의 간통을 알아챈 남편이 자객을 시켜 자신의 집을 들락거리는 청년을 단죄하려 했다는 것이다. 미겔은 풀려났고 사건은 일단락되었지만 가족들이 받은 수치심은 지워지지 않았다.

시장은 이사벨과 시몬 멘데스라는 유부남의 관계를 금지하는 처벌을 내렸다. 스무 살의 이사벨이 겪었을 모욕과 이웃의 시선은 어땠을까? 상식적으로는 그렇게 판단하기 쉬운데, 이사벨 데 사아아베드라는 주변의 시선을 개의치 않았던 것 같다. 일단 남자를 정하면 그곳을 향해 돌진하는 유형이었다. 남아 있는 소소한 자료를 끼워 맞춰 보면, 아버지는 딸 때문에 한시도 편안하지 않았던 것 같다. 1607년 초에 이사벨은 후안 데 우르비나라는 상당히 나이가 많은 남자와 연인 사이였다. 우르비나는 부유한 유부남이었으며 사보야 공작의 비서였다. 몇 년 후에 이사벨은 디에고 산스 데 아길라라는 남자와 동거를 하다 결혼에 이르게 된다. 이사벨은 산스 데 아길라와 사이에 딸과 두 명의 사내아이를 낳는다. 문제는 아들이 남편의 아이가 아니라 우르비나의 아이라는 사실이 밝혀지면서 복잡한 소송에 얽히게 된다. 『돈끼호떼』 출간으로 한동안 가난을 면했던 미겔은 편안한 삶을 기대했다가 예기치 않은 사건과 딸의 스캔들로 마음 고생을 겪어야 했다.

펠리뻬 3세가 즉위한 후 4년이 지날 무렵, 무적함대 전투가 있은 지 14년, 스페인 제국과 대영 제국 사이에는 평화의 분위기가 고조되었다. 영국 왕실은 귀족들과 몇 명의 문인들로 구성된 일종의 평화 사절단을 스페인 왕실로 파견했다. 세르반떼스와 셰익스피어를 연결하고 싶은 학자들은 이 사절단 중에 윌리엄 셰익스피어가 있었을 거라고 주장한다.

셰익스피어는 세계 문학에서 가장 유명한 작가이자 가장 알려지지 않은 작가이다. 대부분의 삶이 신비에 잠겨 있고 셰익스피어 후보는 수없이 많으며 그가 존재하지 않았다는 극단적인 주장도 있다. 이름도 정확하지 않다. 셰익스피어는 이름을 쓸 때마다 다르게 썼고 많은 경우 약자로 썼다. 사백 년 동안 수많은 연구자가 세상을 뒤져서 약 백 건의 문건을 찾아냈다. 대부분 세례, 세금, 소송 관련 자료이자, 서명 수준의 자료들이다. 그가 손으로 쓴 모든 원고는 남아 있지 않다. 열네 개의 단어가 손으로 쓴 것 중 남아 있는 전부이며 그나마 모두 서명들이다. 셰익스피어는 백만 단어 이상을 썼고 죽지 않을 서른 여덟 편의 희곡을 남겼으며 8살 연상의 앤 해서웨이의 남편이었고 세 명의 자녀를 둔 아버지였다는 황량한 정보가 그의 물리적 존재를 증명한다. 그는 자신에 대한 미래의 기억에 무관심했다.

반면에 세르반떼스는 전기 작가들의 입맛을 자극할 만큼, 물증과 미스터리를 적절하게 배합한다. 미래가 자신을 기억해 주기를 그는 얼마나 열망했는가. 자신의 피조물들을 통해 그 열망을 여러 번 드러내지 않았는가. 그들은 자신의 의지와 관계없이 두 가지 사실로 얽혀진다.

하나는 세르반떼스와 셰익스피어가 타계한 날짜다. 두 사람은 1616년 4월 23일에 각각 마드리드와 스트랫퍼드 에이븐에서 눈을 감는다. 한동안 이 사실은 의심 없이 받아들여졌다. 그러다 연구가 진행되면서 보다 설득력이 있는 주장이 제기되었다. 스페인은 1582년 그레고리우스 13세가 율리우스력을 수정하기 위해 공표한 역법을 수용했고, 대영 제국은 셰익스피어가 사망할 때도 율리우스력을 사용했다는 것이다. 그 주장에 따르면 두 사람은 한날에 죽은 것이 아니다. 사실 여부를 떠나서 (같은 날 태어나거나 죽었다는 것은 우주의 기운을 억지로 가져오라는 것에 다름 아니다.) 왜 사람들은 두 사람을 엮으려 드는 것일까? 셰익스피어 쪽에서는 초상화에 귀걸이를 하고 나타난 그 남자와 세금 징수원 경력을 가진 남자를 한 울타리에 묶기를 원하지 않는 듯하다. 반대로 세르반떼스 쪽에는 두 남자의 필연성을 드러내려 한다.

여기에는 미묘한 차이가 있다. 셰익스피어는 세르반떼스보다 젊다.

셰익스피어는 세르반떼스보다 십칠 년 전에 태어났다. 나이만 그런 게 아니라 두 사람의 문학에는 젊음과 늙음이 뚜렷하게 존재한다. 『돈끼호떼』를 19살의 청년이 재미있게 읽을까? 50대 중반의 이달고가 기사로망에 중독되어 집을 뛰쳐나가는 이야기를? 『로미오와 줄리엣』 혹은 『맥베스』는 어떤가? 셰익스피어의 어떤 작품도 괜찮다. 언제나 그곳에는 젊음이 있다.

두 번째로, 작품의 영향력에서는 정반대 현상이 벌어진다. 셰익스피어가 세르반떼스의 작품을 빌려다 쓴 것이다. 『돈끼호떼』 1부 22장에서 돈끼호떼와 산초는 갤리선의 노젓기 노역형을 받은 죄수들을 목격한다. 돈끼호떼는 그들을 불쌍히 여겨 경찰의 만류를 물리치고 그들과 대화를 나누며 조금씩 친숙해지다 결국 그들의 탈출을 묵인하면서, 작품 전체를 통해서 유일하게 국법을 어기는 죄를 저지른다. 겁에 질린 주인과 하인은 시에라 모레나 숲으로 도망간다. 그곳에서 목가 소설의 주인공처럼 숲에 은둔하는 까르데니오를 발견한다. 이렇게 시작된 "까르데니오 이야기"라는 객담은 복잡한 방식으로 전달된다. 까르데니오와 도로떼아, 페르난도와 루스신다, 두 커플이 벌이는 사랑과 배반, 편지와 쪽지, 변장과 길 떠나기 등. 세르반떼스는 1부 23-36장에서 돈끼호떼의 모험 이야기 사이에 이 객담을 삽입하며 '화자 플레이'를 벌인다. 네 명의 등장인물은 한꺼번에 나타나는 것이 아니라 템포를 조정하며 등장해 자신의 사연을 들려 주는데 그때마다 청자들이 달라진다. 처음에는 돈끼호떼와 산초가, 중간에는 신부와 이발사가, 마지막에는 주막에 모인 모든 사람이 그들의 이야기를 나누어 듣게 된다.

『돈끼호떼』 1부의 영역본은 1612년에 토마스 셸톤(Thomas Shelton)에 의해 출판된다. 일 년 후 셰익스피어는 "The History of Cardenio"를 런던의 왕립 극장 무대에 올린다. 공연 기록이 남아 있어 우리는 사실을 확인할 수 있지만 희곡 원고는 화재로 전소되면서 함께 사라졌다. 번역본을 읽고, 그중 한 에피소드를 가져다 희곡으로 변형시키고, 희곡을 무대에 올리는 일련의 과정을 생각하면 경이로운 속도가 아닐 수 없다.

『돈끼호떼』1부와 2부 사이에 세르반떼스는 여러 작품을 동시에 집필하고 작가 생활 중에 가장 많은 작품을 출간하게 된다. 그 중에는 1부 출간 훨씬 전에 완성된 것도 있었는데, 『돈끼호떼』1부의 성공으로 서점상 — 당시에는 대부분의 서점상이 곧 출판업자였다 — 의 출판 계약이 쉬워졌기 때문일 것이다. (다른 작품들과 작가의 말년에 대해서는 8장에서 다루기로 한다.)

1614년 7월에 작가 개인에게는 물론이고 유럽 문학 역사에서도 보기 드문 기묘한 사건이 터진다. 작가가 2부의 완성을 위해 혼신을 기울였을 그 여름에 『돈끼호떼』 2부의 위작이 출판된 것이다. 책표지에 적힌 정보를 적어본다.

타이틀

비범한 이달고 돈끼호떼 델라 만차의 2부

(그의 세 번째 출정이자 그의 모험의 5부에 해당되는)

El segundo tomo del El ingenioso hidalgo Don Quixote de la Mancha

(que contiene su tercera salida y es la quinta parte de sus aventuras)

작가

또르데시야 출신의 학사 알론소 페르난데스 데 아베야네다

El licenciado Alonso Fernández de Avellaneda, natural de la villa de Tordesilla

출판 정보

따라고나에서 펠리뻬 로베르또에 의해 출판, 1614년

En Tarragona, en casa de Felipe Roberto, Año 1614

다음의 7장은 그 상황을 재구성해 본 것이다.

7. 산초의 편지

마드리드의 여름은 가끔은 잔인하다. 1614년 7월 20일도 그런 날 중의 하나였다. 미겔은 동이 트기도 전에 요란한 꼬꼬댁 소리에 잠에서 깨어났다. 수탉과의 약속이다. 그 책을 건네받아 사실을 확인한 후에 미겔은 수탉을 불렀다. 이봐, 내일부터는 저 지겨운 태양이 나타나기 전에 나를 깨워 줄래?

격자창을 뚫고 들어온 파란 빛 속에서 미겔은 지난 며칠을 떠올렸다. 몇 년 전 세상을 떠난 누이들을 떠올렸다. 낡은 침대의 삐걱거림을 리듬 삼아 밤새 함께했던 꿈을 떠올렸다. 산초가 아내에게 편지를 쓰고 있었다. 산초는 바라따리아 섬의 궁전에서 술탄들이 쓰는 실크 모자를 쓰고 목 주변으로 넓은 흰색 레이스가 촘촘히 펼쳐진 셔츠에 검은 조끼를 걸치고, 대리석 책상 앞에서 공작 깃털 펜으로 양피지에 글을 써내려 가고 있었다. 산초가 언제 글을 배웠을까? 미겔은 골똘하게 그 문제를 생각했다. 꿈은 편지의 내용을 알려 주지 않았다. 미겔은 산초의 내면이 처음으로 궁금해졌다. 햇살은 파란 날을 무디게 만들어 부드럽고 서걱한 바람을 타고 있었다. 판자로 벽을 세운 옆방에서 까딸리나의 코 고는 소리가 달콤하게 들려왔다.

꿈의 지시를 따라 미겔은 산초가 아내에게 보내는 편지를 쓰기 시작했다. 편지를 끝내며 미겔은 깃털 펜에 잉크를 듬뿍 적시고 그날의 날짜를 적었다. 1614년 7월 20일. 미겔은 편지글을 몇 달 전에 써둔 36장에 끼워 넣었다.

> "산초 빤사가 그의 아내 떼레사 빤사에게 보내는 편지
>
> 여보, 옛말에 좋은 학자가 되려면 매를 많이 맞아야 한다지, 내가 통치자가 되는 데도 그런 고통이 있었어. 당신은 무슨 뜻인지 모르겠지만 말이야. (…) 당신은 이제 총독 부인이 되었어. 어느 누구도 당신을 함부로 대하지 못할걸. 공작 부인이 선물한 푸른 사냥꾼 옷을 보내니, 수선해서 우리 딸 옷 만드는 데 쓰구려. (…) 부디 하나님께서 당신을 돌봐 주시기를. 그리고 이 성에서 오래도록 하나님을 섬길 수 있기를 바라며.
>
> 1614년 7월 20일 이곳 성에서
>
> 당신의 남편이자 총독인 산초 빤사.

알론소 페르난데스 데 아베야네다는 『돈끼호떼』 2부를 썼다. 그는 그 책을 따라고나에서 서적상인 펠리뻬 로베르또의 인쇄본으로 출간했다.

책 표지에 자신이 또르데시야 출신이라고 적었다. 1614년 7월이었다. 세르반떼스는 『돈끼호떼』 2부 58장의 원고 — 74장에서 돈끼호떼는 생을 마감한다 — 를 막 끝낸 시기였다. 아베야네다의 『돈끼호떼』는 뛰어나다고는 할 수 없지만 속편으로서 세르반떼스를 신경질 상태로 몰아가기에 충분한 이야기를 꾸려 간다.

세르반떼스는 아베야네다를 용서할 수 있다. 관대함이란 그럴 때 필요하니까. 한 가지 걱정은 떠오르게 마련이다. 내 속편이 그 친구의 속편을 뛰어넘을 수 없다면? 세르반떼스는 서둘렀다. 어제와는 다르게 새벽에 일어나 축제 때만 입는 정장을 입고 수척한 서재로 향했다. 매일 새벽 5시부터 오후 2시까지. 그리고 나서는 점심을 먹고 시에스따를 한 다음, 저녁 8시부터 밤이 깊도록 글을 썼다. 그는 한순간도 위작의 작가를 소홀히 대하지 않았다. 『돈끼호떼』 2부 서문에서 아베야네다를 비난하는 글을 썼지만 그건 트릭에 불과했다. 그는 위작과 대화하고 싶었다. "감각이 떨어졌었는데, 정말 고마워!" 여러 작품을 동시에 쓰고 있던 세르반떼스는 딸인 이사벨에게 선언했다. 오늘부터는 『돈끼호떼』 2부에 몰두할 거야. 알겠니? 그는 몰두했고 4개월 동안 15챕터를 써냈다.

세르반떼스를 사랑하는 학자들은 아베야네다의 『돈끼호떼』를 위작이라고 주저 없이 표현 한다. 위작이란 뭘까? 가짜 달걀은 존재한다. 가짜 아내도 존재한다. 가짜 책도 존재한다. 가짜 책은 책처럼 생겼는데 그 안에 아무 글자도 인쇄되어 있지 않은 책이다. (그것도 침묵의 인쇄라고 하면 진짜 책이 될 수 있지 않을까?)

정색을 하고 들여다보면 가짜 책이란 무엇인가?, 에 대해 답을 내기는 쉽지 않다. 먼저, 아베야네다를 심판해 보자. 그는 왜 세르반떼스의 허가도 받지 않고 속편을 썼는가?

속편이기 때문에!

다른 작가의 작품의 속편을 썼다고 단죄 받은 작가가 있었던가? 기사로망은 이 분야에 있어 작가 사이에 아름다운 우정을 쌓아 왔다. 『아마디스 데 가울라』는 『에스뿔란디안의 칼싸움』을 낳았고, 『에스뿔란디안의 칼싸움』은 『그리스의 리수아르떼』를 낳았다. (아마디스는 에스뿔란디안의 아버지이고 에스뿔란디안은 리수아르떼의 아버지이다.)

『그리스의 페리온』은 『그리스의 아마디스』를 낳았고, 『그리스의 아마디스』는 『니케아의 플로리셀』을 낳았다. 여러 작가들이 속편을 이어 갔다. 300미터 릴레이 경기다. (이상하게 400미터는 없다.) 그렇다고 끈끈한 마피아 의식이 그들을 묶어 주었다고 생각하지는 말자. 대부분 서로를 알지 못했다. 이야기의 저장고가 있고 각자가 자신의 분수에 맞추어 그것을 가져다 쓸 뿐이다. 그것이 그들의 문학적 태도였다. 창작은 무슨….

원작을 노골적으로 빌려서 새롭게 쓴 경우도 허다하다. 몬떼마요르의 목가 소설 『디아나』를 힐 뽈로가 다시 썼고 원작 못지않은 작품이 되었다.

최초의 피카레스크 소설 『라사리요 데 또르메스』는 전 유럽으로 퍼져 모방이라는 전염병이 돌게 했다.

누군가가 당신 작품의 속편을 앞서서 출간한다면 당신은 그 책에 대해 어떻게 대처할 것인가? 2021년에 그런 일이 벌어진다면, 상황은 간단하게 정리될 수 있다. 당신의 에이전시에게 전화하는 것으로. (당신이 에이전시를 둘 만한 작가라면…)

누구보다 셰익스피어가 훔치기 기술의 전문가였다. 마떼오 반델로라는 늙은 이탈리아 작가가 연인들의 사랑 이야기를 썼고, 아서 브라크라는 젊은 시인은 그 이야기를 바탕으로 『로메우스와 줄리에트의 비극적인 이야기』라는 서사시를 썼다. 셰익스피어는 그 시를 가져다가 『로미오와 줄리엣』을 썼다. 셰익스피어는 스토리와 제목을 가져다 쓰는 것은 물론이고, 몇 문장은 그대로 가져왔다. 우리는? 우리도 그렇게 하고 있다고 나는 생각한다. 다만, 방법을 조금 바꿨다. 너무 티가 날 것 같으면 인용이라는 형식을 쓴다. 출처를 공개적으로 밝히는 것이다. 더 좋은 방법은 티를 내지 않고 가져다 쓰는 것이다. 포스트모더니즘 연구가들은 뭔가 대단한 것을 발견한 것처럼, 이 행위를 "양피지성"이라고 불렀다. 호메로스부터 인류가 원래 해 오던 것이다.

『돈끼호떼』 1부는 존재하는 모든 기사로망의 모범적인 안내서다. 세르반떼스는 평범한 이달고를 데려다가 기사로망을 밤낮으로 읽게 했다.

알론소 끼하노는 기사로망의 영웅 아마디스 데 가울라의 영혼을 빌려 그 안으로 들어간다. 그는 아마디스의 목소리를 흉내 내고 아마디스식의 사랑 스타일을 본받아 둘시네아를 사랑하겠다고 결심한다.

『돈끼호떼』 1부는 이렇게 끝난다.

> "어쩌면 다른 사람이 더 훌륭한 시로 노래하리라."
>
> (Forse altri canterá con miglilor pletro.)

아리오스토의 『성난 오를란도』의 한 구절이다. 세르반떼스는 아무런 인용도 없이 아무런 죄의식 없이 자신의 글로 받아들였다. 같은 문장도 문맥이 틀리면 다른 의미가 된다. (아리오스토의 『성난 오를란도』는 보이아이도의 서사시 『오를란도』를 가져와 화려하게 만든 것이다.)

"어쩌면 다른 사람이 더 훌륭한 시로 노래하리라."라니? 왜 하필, 그런 겸손한 문장으로 마무리했을까? 나는 아베야네다가 이해가 된다. 당신은 어떤가?

이렇게 생각해 보자. 세르반떼스는 누군가가 2부를 쓰기를 원했다고. 화를 내는 척하면서 그는 다른 작가의 저주를 받고 싶었다. 작가에 대한 저주도 그 작가에는 축복일 수 있다.

스티븐 킹의 장편『돌로레스 클레이븐』은 플로베르의 단편이 없었다면 어쩔 뻔했나? 하녀가 주인과 엮어 내는 마음의 여정. 부드러운「순박한 마음」은 공포의『돌로레스 클레이븐』이 되었다.

다른 작가의 속편을 쓰는 경우, 가장 아름다운 관계는 존 치버와 레이먼드 카버가 연출한 것이다. 치버가 죽음을 앞두고 있을 때 카버는 선배 소설가가 쓴 작품의 속편을 씀으로서 작가로서의 애정을 드러내고 싶었다. 카버가 보기에 치버의 단편「5시 48분」은 최고의 작품이었고 속편을 써내려 갈 만한 여백이 있었다. 미스 덴트는 정신 병원에서 몇 달을 보내고 어렵게 취직을 했다. 자신을 뽑아 준 나이 들고 평범한 상사에게 고마움을 표하고 싶었다. 두 사람은 레스토랑으로 가는 대신 미스 덴트의 아파트로 간다. "술이 드시고 싶다면 제 아파트에 위스키가 있어요." 벽장같이 작은 방. 베토벤 연주곡집이 걸려 있는 작은 피아노. 두 사람은 술을 마시고 뽀뽀를 하고 섹스를 한다. 여자의 방을 떠날 때 블레이크는 여자의 필체가 담긴 편지를 본다. 아! 불길한 난필. 블레이크는 미스 덴트를 해고한다. 미스 덴트는 퇴근길의 블레이크를 쫓아간다. 남자는 셰이턴 역에 내린다. 비가 내린다. 여자는 권총으로 남자를 무릎 꿇린다. 모욕을 선사한 다음 여자는 남자를 떠난다. 카버는「기차」에서 그 뒤의 이야기를 들려준다. 그 후 미스 덴트는 어떻게 되었을까?

아베야네다는 세르반떼스의 장난을 그대로 믿었거나 믿는 척했다.

『돈끼호떼』 1부의 화자는 처음에는 자신이 들려 주는 이야기가 라만차 지방의 연대기를 받아 적은 것이라고 했다. 나중에는 시데 아메떼 베넹헬리라는 무어인 역사가가 쓴 연대기를 번역한 것이라고 고백 투로 말했다. (19세기 리얼리즘 소설에 이르기까지 독자들은 일인칭 화자를 작가로 생각했다.) 그렇다면? 아베야네다는 생각했다. 세르반떼스의 독창적인 글이 아니라면 내가 속편을 쓴다는 것이 문제가 될까?

아베야네다가 속편을 썼다는 사실은 그다지 슬퍼할 일은 아니다. 누군가가 세르반떼스의 모방했다는 것도 그렇게 불쾌한 일이 아니다. 그때까지 세르반떼스는 천재가 아니었다. 그 시절에 누구도 꼬메디아에서 세르반떼스가 로뻬의 반만큼이라도 재능이 있다고는 판단하지 않았을 것이다. 세르반떼스보다 뛰어난 시인들은 넘쳐 났다. 소설은 이제 손바닥만 한 양지를 차지했을 뿐이다. 그때는 어느 누구도 『돈끼호떼』라는 근대적 세계의 선언을 감지하지 못했다. 아베야네다의 잘못은 세르반떼스를 비난하고 그를 공격하려 했다는 점이 아니다. 아베야네다는 세르반떼스를 미워했지만 돈끼호떼를 사랑했다. 그는 자신도 모르는 사이에 『돈끼호떼』에 대해 최초의 문학 비평을 저지른 사람이다. 우리가 그를 미워하는 이유는 세르반떼스의 『돈끼호떼』를 사실적으로 읽었기 때문이다. 산초는 변화하지 않는다. 산초는 사실적인 인물로 등장해서 사실적인 인물로 무대를 떠난다. 둘시네아를 향한 돈끼호떼의 사랑을 특별한 이유 없이 중단시킨다. 결정적으로 아베야네다는 돈끼호떼을 진짜 미친 사람으로 취급한다. 근대 소설의 영웅을 정신 병원으로 데려가서 그곳에서 생을 마감하도록 한다.

세르반떼스는 위작을 읽고 적절하게 사용한다. 아! 교묘한 세르반떼스! 그는 분노를 억제하며 닥친 상황을 아이러니로 만들고 우리에게 판단을 유보한다. 그는 예상보다 관대하게 따뜻하게 대한다. 스몰 작가들은 자신을 표절한 작가들을 표독스럽게 대한다. 자신이 만든 세계가 너무 작고 힘들게 그것을 이루었는데, 그래서 관용을 베풀 수 없다. 심지어 세르반떼스는 (위작 속의 등장인물) 돈 알바로 따르페를 받아들여 그의 목소리를 듣고 싶어 한다. 돈끼호떼와 산초는 돈 알바로 따르페를 만나 대화를 나눈다. 돈 알바로 따르페는 자신 앞에 서있는 진짜 "슬픈 얼굴의 기사"를 알아보지 못한다. 따르페는 자신이 위작의 인물임을 고백한다. 이렇게 해서 라만차의 기사는 아베야네다에게 결정타를 날린다.

세르반떼스는 이렇게 거드름을 피우는 듯하다. 자신이 처한 상황을 — 그것이 아무리 불운한 경우라도, 문학의 신은 변덕의 신이기 때문에 — 즐겁게 받아들여라. 속 깊은 작가가 되려면 불운과 적대자를 이용할 수 있어야 한다. 누군가가 당신의 작품에게 시비를 걸고 있다면, 그걸 행운으로 받아들여야 하지 않겠는가? 그 사람이야말로 당신이 쳐 놓은 그물에 걸려든 최초의 물고기다.

우리는 여기서 미래의 체호프를 본다. 인간에 대한 따뜻한 마음을 유지할 것! 우리는 여기서 미래의 카프카를 본다. 불면의 기술로 소설을 쓸 수 있었던 작가를. 의식적으로 꿈 이야기를 불러올 수 있었던 작가를.

세바스띠안이란 탐정은 돈끼호떼를 정신 병원에서 죽게 한 범인을 탐색하고 있다. 세바스띠안은 먼저 공개된 용의자들을 소개한다. 전문적인 세르반떼스 연구자들, 문학 비평가들, 작가들의 요란한 목소리. 모든 추론은 3가지 질문으로 모여든다.

1. **세르반떼스는 범인을 알고 있었을까?**

모르고 있었다는 것이 대세이다. 그렇지만 『돈끼호떼』 2부의 서문에서 작가는 지나가는 투로 위작의 작가가 아라곤 출신일 거라고 말했다. 그 한 문장이 알고 있었을 가능성을 배제할 수 없게 한다.

추론을 너무 오래 하면 원래 자리로 돌아오는 법인가? 범인은 세르반떼스 자신이라고 주장하는 탐정도 있다. 세르반떼스와 친구가 공모한 것이라는 탐정도 있다.

2. **왜 범행을 저질렀나?**

세르반떼스에 대한 복수심이라고 생각하면 비교적 정서가 단순해진다. 위작 작가는 서문에서 세르반떼스를 "늙은 외팔이"라고 비아냥거렸다. 또 자신이 존경하는 로뻬 데 베가를 비난한 세르반떼스를 공격했다.

문학적으로 판단하면 비교적 욕망이 단순해진다. 속편을 쓰고 싶어서. 다른 이유는 없다.

3. 범인은 왜 가면을 썼을까?

이 질문은 아직은 내버려 두자.

세바스띠안에 의하면, 지금까지 절대적인 지지를 받는 추론은 없었으며 앞으로도 없을 듯하다. 어떤 문건, 누구나 인정할 만한 역사적 단서가 발견되지 않는 한 추론은 추론으로 끝날 것이다. 베스트는 세르반떼스의 편지나 일기가 발견되는 것이다.

세바스띠안의 추론을 요약해 보자.

1) 세르반떼스는 범인을 알고 있었다.

2) 세르반떼스는 어떤 이유로 그 사람의 이름을 밝힐 수 없었다.

3) 그 사람은 정치적인 혹은 종교적인 권력자이며 세르반떼스의 메세나다.

(궁핍했던 세르반떼스는 언제나 메세나를 찾아다녔다. 우리는 3명의 메세나를 알고 있다. 두 사람은 귀족이고 한 사람은 똘레도의 추기경이자 종교재판소의 대법관이다. 산도발 이 로하스 추기경은『돈끼호떼』2부 출판 이후 세르반떼스를 재정적으로 사

회적으로 후원했다. 우연일 것이다.)

4) 세르반떼스의 비밀을 알고 있는 사람이다.

(예를 들어, 세르반떼스의 도주. 22살에 왕궁의 미장이에게 상해를 입히고 오른손 절단 형을 선고받은 사실.)

5) 산초가 아내에게 보내는 편지에 적어 놓은 1614년 7월 20일.

(권력자에 보내는 저항의 표시? 독자에게 뿌려 놓은 비밀의 빵가루?)

8. 『돈끼호떼』 2부와 작가의 죽음

『돈끼호떼』1부와 2부 사이에 세르반떼스는 여러 작품을 동시에 집필하고 작가 생활 중에 가장 많은 작품을 출간하게 된다. 그중에는 1부 출간 훨씬 전에 완성된 것도 있었는데, 『돈끼호떼』1부의 성공으로 서점상과의 출판 계약이 쉬워졌기 때문일 것이다. 1585년 『갈라떼아』와 『돈끼호떼』1부 사이에는 20년의 세월이 있다. 수많은 꼬메디아와 엔뜨레메스, 몇 편의 모범 소설과 늘 재능이 없음을 한탄한 상당수의 시를 이 시기에 썼다. 또한 1부 출간 이후에도 몇 편의 모범 소설과 또 다른 장편 소설인 『뻬르실레스와 세히스문다의 역경』을 지속적으로 작업했다.

1613년에는 『모범소설집 Novelas Ejemplares』을, 1614년에는 『빠르나소 여행 Viaje del Parnaso』을, 1615년에는 『8편의 꼬메디아와 8편의 엔뜨레메스』를 출판한다.

제목에서 판단할 수 있는 것처럼 세르반떼스는 『모범소설집』에 대해 상당한 자부심을 가졌을 뿐 아니라 최근에 등장한 새로운 장르인 "novella italiana"의 진정한 스페인식 변형으로 인식했다. 서문에서 그는 이렇게 썼다.

"나는 까스띠야어로 소설을 쓴 최초의 사람이다."

(yo he sido el primero que he novelado en lengua castellana.)

반면에 『돈끼호떼』를 (새로운 장르인) 소설이 아니라, 서사시의 산문화 즉 산문으로 쓴 서사시(épica en prosa)로 인식했다.

작가가 『돈끼호떼』를 새롭다거나 대단하게 판단하지 않았다는 증거는 『돈끼호떼』 1부 서문에서 지나치게 소심하고 겸손한 태도로 작품을 소개하는 데서도 알 수 있으며, 유작이 된 비잔틴 소설(la novela bizantina) 『뻬르실레스와 세히스문다의 역경』 서문에서 이 소설이 자신의 최고의 작품이 될 거라고 밝히고 있는 데서도 알 수 있다. 1부를 마치며 속편을 예고했던 작가가 10년이나 걸린 내막에는 『뻬르실레스와 세히스문다의 역경』에 쏟아 부은 열정 때문이다.

그런데 "모범적"이란 무슨 뜻이었을까? 세르반떼스는 『돈끼호떼』에서 등장인물의 목소리를 빌려 문학론을 조금씩 흩뿌려 놓았다. 그걸 종합해 볼 때 작가는 '재미'와 '도덕성'이 균형 있게 녹아 있는 작품을 모범적으로 판단한 것 같다. 이야기의 기술과 삶에 대한 통찰력 사이의 균형.

『돈끼호떼』에서 주인공은 모두 세 번의 출정을 떠난다. 첫 번째 출정은 짧게 미완의 리듬으로 끝나고, 나머지 두 번은 여정의 시작과 여러 단계를 거쳐 귀환과 죽음으로 마무리 된다. 사건의 시간도 첫 번째 출정은 이틀에 불과하다. 세르반떼스는 처음부터 (1부의 교회법 신부의 표현을 빌면) 산문으로 쓰인 서사시를 생각한 것이 아니었다. 실험적일 만큼 새로운 장르를 모범적으로 써 보자는 의도였다. 첫 번째 출정이 한 편의 모범 소설이 되었다면『모범소설집』은 13편이 되었을 것이다. 적지 않은 걸작이 그렇듯이 단순하고 간결하게 시작한 이야기에 예상치 않은 인물과 줄거리가 들러붙고 최초의 의도와는 전혀 다른 방향으로 흘러간 것이리라.

『빠르나소 여행』은 떼르세또(terceto, 11음절로 구성된 3행으로 짜인 형식)로 구성된 시집으로, 주인공이 된 세르반떼스는 노새를 타고 빠르나소로 가서 열악한 시인들로부터 훌륭한 시인을 구하려 한다. 뭔가를 재현하고 묘사하는 내용이 아니라 훌륭한 시인들에게 경배를 바치고 있다.

서문에서 작가가 밝히고 있듯이『8편의 꼬메디아와 8편의 엔뜨레메스』는 출판할 기회를 얻지 못해 궤짝에서 잠들고 있던 것을 다시 손본 것이다. 엔뜨레메스는 꼬메디아의 막 사이에 삽입하는 짧은 소극이다. 꼬메디아마다 거기에 상응하는 엔뜨레메스가 짝을 이루고 그런 형태로 출판된 것이다. 세르반떼스의 경우에는 꼬메디아보다 엔뜨레메스가 더 뛰어나고 대중적으로도 더 알려져 있다. “이혼 재판관 El juez de los divorcios”과 “기적의 재단 El retablo de las maravillas”은 그중에서도 높게 평가되는 엔뜨레메스들이다.

1615년 세르반떼스는 10년 전 약속했던 『돈끼호떼』 2부를 출간한다. 1부와 마찬가지로 서적상 프란시스꼬 데 로블레스가 출판을 맡았다. 1부를 마무리하면서 화자는 주인공과 하인이 사라고사의 마상 대회에 참가할 것이라고 예언했다. 페르난데스 데 아베야네다는 그 예언을 따라 주인공을 사라고사로 보낸다. 세르반떼스는 2부의 배경을 조금 비틀었다. 돈끼호떼와 산초를 사라고사로 보내는 대신 바르셀로나로 향하게 한다.

2부는 1부를 이어 가면서도 1부의 내용을 뒤집는다. 전복적인 연속성이라 할 만한 것이 거기에 있다. 비난의 대상이 되었던 1부의 여섯 번의 객담은 사라지고 이야기는 두 주인공에게 더욱 집중한다. 돈끼호떼는 여전히 기사로망의 환상에 빠져 있지만 시각적 착각에서 벗어나 있다. 산초가 노새를 타고 오는 세 명의 시골아가씨 중 한 명에게 달려가 무릎을 꿇고 주인의 흉내를 낼 때, 돈끼호떼는 더 이상 그녀를 둘씨네아로 보지 않는다. 2부의 가장 흥미진진한 면모는 같은 현실이 돈끼호떼가 전에 그렇게 바라던 기대에 부응하기 시작했다는 것이다. 그는 환상적인 사건들을 기사로망이 아닌 일상에서 대면한다. 이 상황은 2부에 나오는 대부분의 인물들이 1부를 읽었다는 설정에서 비롯된다. 1부의 현실은 2부의 책이 된다. 책의 주인공들은 그곳에서 나와 2부의 인물들을 만난다. 돈끼호떼와 산초는 지속적으로 1부를 읽은 독자들을 대면한다. 그들은 1부의 이야기, 그 환상의 축제를 이어 가고 싶어 한다. 그들은 스스로를 꾸미고 변장하며 무대를 만들어 주인공들에게 들이민다. 산손 까라스꼬, 공작부부, 변장한 배우들, 사자들, 산적들과 해적들(…)

산초는 주인을 닮아 가면서 더욱 똑똑해진다. 산초는 자신이 바라따리아섬이라 믿는 정부의 통치자가 되었으며 자신의 의지로 그곳을 벗어난다.

돈끼호떼는 조금씩 광기에서 벗어나고 산초는 조금씩 광기의 매력과 의미를 인식하게 된다. 모험의 세계는 조금씩 밀려나고 역사와 사회가 자리를 차지한다. 마침내 그들은 말미에서 처음으로 역사에 놓인 인물들을 만나고 1610년이라는 특정 역사에 위치한 도시 바르셀로나를 방문한다. (그래서 그 무렵 세르반떼스가 이 도시를 방문했다는 주장이 있다.)

독자는 돈끼호떼의 죽음이 다가왔음을 서사적 본능으로 알아챈다. 하얀 달의 기사에게 패배한 후, 돈끼호떼는 갑옷을 벗고 한동안 패배감과 슬픔에 찬 시간을 보낸다. 그들은 하얀 달의 기사의 명령을 받아들여 고향으로 향한다. 집으로 돌아온 주인공은 6일 동안 잠에 빠진 채 신열에 시달린다. 깨어난 돈끼호떼는 자신의 진정한 이름을 밝힌다. 알론소 끼하노(Alonso Quijano). 독자는 그 이름을 처음이자 마지막으로 듣는다. (1부에서 주인공이 처음으로 등장할 때 화자는 이달고의 이름이 끼하다, 께사다 혹은 께하나일지 모른다고 얼버무린다.)

일 년 후 작가에게도 죽음이 찾아온다. 1616년 4월 19일 세르반떼스는 『뻬르실레스와 세히스문다의 역경』 서문에서 이렇게 이별을 고한다. (그의 마지막 글이 되었다.)

"내 생이 끝나 가고 있습니다. 맥박의 박동이 잦아들고 있습니다. (…) 은총과 아름다움에 안녕을 고합니다. 안녕 다정한 친구들, 이제 나는 죽어 가지만 다른 생애에서 곧 행복하게 만나길 바랍니다."

(Mi vida se va acabando, y al paso de las efemérides de pulso (…) Adiós gracias, adiós donaires, adiós regocijados amigos, que yo me voy muriendo y deseando veros presto contentos en la otra vida.)

1616년 4월 23일 미겔 데 세르반떼스 사아아베드라가 마드리드에서 타계한다. 뜨리니따리아스 데스깔사스 수도원(Convento de las Trinitarias Descalzas)에 묻힌다. 1617년 미망인 까딸리나 데 빨라시오스의 노력으로 소설 『페르실레스와 세히스문다의 모험』이 출간된다. 까딸리나는 1626년 타계했다.

부록 1: 『돈끼호떼』의 핵심적인 이야기

1부

1차 출정(1장-6장)

변신

그 이름을 떠올리고 싶지 않은, 라만차의 어느 시골 마을에 오십 살에 접어든 이달고가 스무 살도 되지 않은 조카딸과 마흔 살의 가정부와 함께 살고 있었다. 그는 근엄한 표정에 피골이 상접했고 얼굴색은 어두웠지만, 부지런하기 이를 데 없었고 사냥을 좋아했다. 화자는 그의 이름을 정확하게 떠올리지 못하겠다고 말한다. 끼하다 혹은 께사다일 수도 있고 께하나 일지도 모른다. 주인공을 다루는 작가마다 조금씩 다르게 불렀기 때문이다. (화자는 주인공이 세상을 떠날 때 정확한 이름을 알려 준다.) 그는 한가할 때면 — 사실 일 년 내내 한가했다 — 기사로망을 탐닉했으며, 기사로망에 흠뻑 빠져 지내느라 사냥도 재산 관리도 소홀하게 되었다. 기사로망에 대한 호기심은 어느덧 광기에 이르렀고 기사로망을 사들이기 위해 넓은 경작지를 팔아 치웠을 정도였다. 덕분에 집안 구석구석이 기사로망로 넘쳐나게 되었다. 세상의 모든 불의를 처단하고 이 시대에는 사라진 순수함을 회복하기 위해 편력 기사가 되기로 결심한다. 증조부의 갑옷과 투구 그리고 창을 꺼내 의상을 준비하고, 나흘을 고민한 끝에 말라비틀어진 자신의 말에 로시난떼라는 이름을 붙여준다. 또한 편력 기사로서 자신의 이름을 짓는 데 여드레를 소비한 끝에 돈끼호떼라는 이름을 떠올린다. 존경하는 아마디스 데 가울라의 이름을 본받아, 라만차란 지명을 이름 뒤에 이어 붙인다. "사랑이 없는 편력 기사는 잎사귀나 열매 없는 나무와 같고 영혼 없는 육체와 다르지 않기 때문"에, 이웃마을의 알돈사 로렌소라는 시골아가씨를 떠올리고 그녀를 둘시네아 델 또보소라고 부르기로 한다. 평범한 이달고는 이렇게 해서 외적으로 변신한다.

엉터리 기사 임명식

7월의 무더운 어느 날 아침, 아무에게도 알리지 않은 채 돈끼호떼는 특별히 정한 목적지 없이 로시난떼에게 길을 맡긴 채 집을 나선다. 몬띠엘 평원에 들어선 돈끼호떼는 자신의 화려한 무훈을 기록할 미래의 역사가를 떠올린다. 하루 종일 평원을 떠돌았지만 아무 일도 일어나지 않는다. 해 질 무렵 주막을 발견한 우리의 기사는 그곳을 성으로 착각한다. 주막 주인을 성주로 창녀들을 귀부인으로 돼지치기의 뿔 나팔 소리를 자신을 환영하는 신호로 받아들인다. 엉터리 기사 임명식을 치르고 돈끼호떼는 내적으로 변신한다.

편력 기사가 되기 위해서는 더 많은 준비가 필요하다는 성주의 충고를 듣고 집으로 돌아가던 돈끼호떼는 똘레도 상인들을 만난다. 그는 길목을 막고 둘도 없는 둘시네아 공주님을 찬양할 것을 요구한다. 뭇매를 맞고 돈끼호떼는 실신한다. 이웃 농부 뻬드로 알론소가 그곳을 지나가다 그를 구해 마을로 데려간다. (농부는 그 때 돈끼호떼를 '셰뇨르 끼하나'라고 부른다.)

돈끼호떼의 서재 그리고 책의 심판

집에 돌아온 우리의 기사가 깊은 잠에 빠진 사이 서재에서는 소동이 벌어진다. 그곳에는 돈끼호떼의 친구들인 신부와 이발사, 조카딸과 가정부가 모여 있다. 광기의 원인이 책이라고 판단한 그들은 사악한 책을 골라내서 불구덩이에 던지기로 한다. 그때 가정부가 성수 한 그릇과 물뿌리개를 들고 와서는 이렇게 말했다. "신부님, 이 성수를 꼭 뿌려주세요. 이 책들 속에는 요술쟁이가 살고 있을지도 몰라요. 책을 버리지 못하게 요술을 부리려고 말이죠." 이발사가 책을 들고 제목을 말해 주면 신부가 책을 심판한다. 모두 28권의 책이 재판을 받는다. 13권의 책이 불에 타고 13권이 구제받는다. 2권은 보류된다.『갈라떼아』가 심판대에 오르자 신부는 이렇게 말한다. "미겔 데 세르반떼스의『갈라떼아』로군, 그 작가로 말하면 내 친구이자 문학보다는 불행에 더 익숙한 사람이네."(여기에 나오는 책들은 모두 1592년 이전에 출판된 실제 존재하는 책들이다.)

2차 출정(1부 7장-52장)

산초 빤사의 등장

지금까지 우리는 주인공의 독백만을 들어야 했다. 이제 돈끼호떼는 여정의 동반자를 데려온다. 이웃에 사는 머리는 좀 모자라지만 착한 남자에게 얼마나 많은 약속 공세를 펼쳤던지, 불쌍한 농부는 결국 종자가 되어 함께 모험을 떠나기로 결심한다. 돈끼호떼가 늘어놓은 무수한 말들 중, 언젠가 섬의 영주로 만들어 주겠다는 약속을 믿고 산초 빤사는 처와 자식들을 남겨둔 채 돈끼호떼의 종자가 된다. 기사로망의 환상을 살고 있는 주인과 철저하게 물리적인 산초. (불멸의 버디. 그 후 유럽 문학은 이들을 모델로 매력적인 변종을 탄생시켰다. 셜록 홈즈와 왓슨, 로렐과 하디, 프로도와 샘, C3Po/R2De) 세르반떼스는 영리하게도 엉터리 기사 임명식 뒤에 산초를 등장시킨다. 만약 산초가 주인의 임명식을 목격했다면 어떻게 되었을까?

풍차와 거인: 불멸의 짝패가 겪은 첫 번째 모험

길을 떠난 지 얼마 되지 않아 주인과 종자는 가장 유명한 모험을 겪는다. 돈끼호떼는 풍차를 제우스에게 대적했던 백두 개의 팔을 가진 거인 브리아레오로 착각한다. 괴물은 수많은 팔을 움직일 수 있지만, 아이러니하게 자리를 이동할 수는 없다. 어떻게 풍차 모험이 가장 알려진 에피소드가 됐을까? 풍차는 돈끼호떼의 광기를 아무런 변명 없이 직접적으로 보여 주기 때문일 것이다. 다시 말해, 이 장면이야말로 가장 단순하게 돈끼호떼적이기 때문이다.

여기까지 읽은 독자들은 이 작품이 현실을 재현한 것이 아니라 책에 관한 책이지 않을까 의심하게 된다. 우리는 기사로망을 읽고 그것을 현실 속에 투영하려는 한 남자의 이야기를 듣고 있다. 그 남자는 자신을 편력기사로 생각할 뿐 아니라 기사로망의 문체를 모방한다.

결투의 중단 그리고 진짜 작가, 시데 아메떼 베넹헬리

그런데 이야기를 들려 주는 화자는 누구인가? 1부 7장을 넘어서면서 세르반떼스는 자신이 써내려 가는 이야기의 화자를 의심하며 강박 관념적으로 내러티브의 지위에 대해 주의를 환기시킨다. (1부 6장에 책의 심판 이야기를 배치함으로써 세르반떼스는 독자에게 책의 위험성을 부각시킨다. 이 이야기가 현실의 반영물이 아니라 독서의 반영물이라는 것을 암시한다.)

풍차와 거인의 모험을 겪은 후, 길을 가던 중에 주인과 종자는 귀부인을 싣고 가는 기사들과 하인들을 본다. 돈끼호떼는 기사로망을 떠올리며 악당들이 공주를 납치하는 것이라고 판단한다. 이렇게 해서 돈끼호떼는 비스까야인과 처절한 결투를 벌이게 된다. 돈끼호떼의 칼이 비스까야인의 머리를 향해 세차게 날아갈 때, 세르반떼스는 화자를 시켜 이야기를 중단시킨다. 다음 이야기를 기록한 필사본을 찾을 수 없어 실망에 잠겨 있던 화자는 똘레도의 알까나 시장에서 필사본을 발견한다. 그것은 아랍의 역사가 시데 아메떼 베넹헬리가 기록한 필사본으로, 화자는 반 레알에 필사본을 손에 얻은 뒤, 무어인을 고용해서 아랍어를 까스띠야어로 번역하도록 한다. 그 과정을 다 거치고 나서야 화자는 절단되었던 결투의 줄을 끄집어내어 이어간다.

목가적 비극, 그리소스또모와 마르셀라 이야기

마르셀라는 부모 없이 삼촌과 함께 살아가는 평범한 시골 처녀였으나, 어느 날 마을을 버리고 숲에서 목가적인 삶을 살기로 결심한다. 전에는 그녀를 거들떠보지도 않던 마을 남자들은 그 순간부터 마르셀라의 사랑을 얻기 위해 집을 버리고 숲을 방황한다. 살라망까 대학 출신의, 마을에서 가장 지적인 젊은이 그리소스또모는 마르셀라의 냉정함에 자살을 선택한다. 길에서 만난 양치기들로부터 비극을 전해들은 돈끼호떼와 산초는 그리소스또모의 장례식에서 슬픔을 함께하며, 마르셀라의 유명한 변론을 우리에게 들려 준다. 『돈끼호떼』 1부에는 이런 식으로 중심 이야기에 빠져나온 6가지 객담이 진행 된다. 차단의 기술!)

시에라모레나에서 주막으로

시에라모레나에서 주막으로 이어지는 1부 23장에서 46장에 걸쳐 세르반떼스는 차단의 기술에 대한 화려한 솜씨를 보여 준다. 시에라모레나로 들어선 주인과 종자는 숲속을 헤매는 까르데니오를 만난다. 두 사람은 까르데니오의 슬픈 사연을 듣는다. 돈끼호떼는 고행에 몰두하고 산초는 둘시네아에게 보내는 주인의 편지를 품고 가상의 또보소로 향한다. 그 사이에 돈끼호떼를 집으로 데려가려는 신부와 이발사가 등장하고 연이어 사람들이 주막에 모여든다. 돈 페르난도에게 버림받은 도로떼아, 잠시 후에는 돈 페르난도와 루스신다, 포로와 소라이다, (나중에 포로의 동생으로 밝혀지는) 심문관과 그의 딸, 그리고 더 많은 사람들이 주막이라는 무대에 속속들이 도착한다. 그중 1부 23장에서 36장에 걸쳐 독자는 돈끼호떼와 산초의 메인 스토리를 따라가며 그 사이에 간헐적으로 끼어드는 까르데니오에 얽힌 사랑이야기를 듣는다. 그 이야기는 여러 명의 화자와 여러 명의 청자가 참여하는 복잡한 양상을 띤다. 까르데니오는 돈끼호떼에게 "사랑에 빠짐"을 들려 준다. 신부와 이발사는 그 뒤에 전개되는 "배반과 결혼식"을 까르데니오로부터 듣는다. 도로떼아가 까르데니오와 신부 이발사에게 "돈 페르난도의 유혹과 배반"을 들려 준다. 페르난도와 루신다가 주막에 도착해서 모든 이들에게 나머지 이야기를 들려 준다.

세르반떼스를 찾아서

공간은 시에라모레나(목가적 세계)에서 주막(피카레스크적 세계)로 이동하고, 인물들은 세상에 오직 두 개의 무대만이 존재하는 듯 행동한다. 독자는 가상 현실로서의 세계를 경험하면서 동시에 두 가지 목소리의 화음, 얼굴을 드러낸 화자의 그것과 여러 가면을 뒤집어 쓴 화자의 그것이 조율해 내는 화음을 경험한다.

둘시네아 델 또보소에게 보내는 돈끼호떼의 편지와 당나귀 양도증

돈끼호떼는 연애편지와 함께 산초의 부탁으로 당나귀 양도증을 써준다. 순수한 사랑과 삭막한 자본주의적 세계의 절묘한 대비. (단락 전체를 옮겨 보았다.)

> 아름답고 높으신 공주님께,
>
> 달콤한 둘시네아 델 또보소님이여, 부재로 인해 상처받고 심장이 찢겨져 안녕하지 못한 자가 안부를 전합니다. 당신의 아름다움이 저를 멸시하고, 당신의 가치가 제 편이 아니며 당신의 냉정함이 저를 얼어붙게 한다 해도 저는 근근이 견뎌낼 수 있을지도 모르겠습니다. 고통이 강할수록 의지는 더 커지는 법이니까요. 나의 훌륭한 종자 산초가 공주님께 모든 것을 알려드릴 것입니다. 아름다운 무정한 여인이여! 사랑하기에 원망스러운 여인이여! 당신은 제 존재의 이유입니다. 저를 구하시고자 한다면 저를 받아 주시고, 그렇지 않다면 뜻대로 하옵소

서. 저는 스스로 목숨을 끊어 당신의 비정함과 저의 소망을 충족시킬 것입니다.

죽는 날까지 당신의 것인

슬픈 얼굴의 기사

"제 아비의 목숨을 걸고 말씀 드리건대 저는 여태껏 이렇게 숭고한 편지는 들어본 적이 없습니다. 아, 주인님께서는 어떻게 그렇게 원하시는 것을 모두 말씀하실 수 있습니까, 게다가 슬픈 얼굴의 기사와 딱 어울리는 내용이지 뭡니까. 정말이지 주인님께서는 악마 같으십니다. 모르시는 일이 없네요."

"이런 일은 뭔가 통달하지 않으면 할 수 없는 것이다."

"자, 그럼 주인님께서는 나귀 세 마리에 대한 증서를 쓰시고 선명하게 서명을 해주세요. 그걸 보면 사람들이 알 수 있게요."

"기꺼이 그러마."

증서를 쓰고 나자 돈끼호떼는 산초에게 내용을 읽어주었다.

조카에게,

이 첫 번째 새끼 나귀에 대한 증서로 본인이 조카에게 명하니 나의 시종인 산초 빤사에게 내가 집에 남겨 두었으며 지금은 조카의 책임하에 있는 다섯 마리 중 세 마리를 양도하도록 하라. 그것은 내가 그에게

서 받은 봉사에 대한 대가로 지불하는 것이다. 이 증서로 모든 일이 잘 수행되길 바라며.

시에라 모레나 산중에서, 올해 8월 22일

이별 그리고 귀환

신부와 이발사가 돈끼호떼를 소달구지에 태우고 사람들과 이별을 고한 후에 고향으로 향한다. 산초는 나귀에 올라타서 주인을 따라간다. 주막 주인이 버려진 가방에 있던 「린꼬네떼와 꼬르따디요」라는 제목의 필사본을 떠나는 신부에게 건네주다.

모험의 끝

화자는 돈끼호떼에 대한 더 이상의 소식은 알 수 없다고 끝을 맺는다. 다만 라만차에 떠도는 소문에 의하면 그가 세 번째 모험을 떠났으며, 마상 결투에 참가하기 위해 사라고사를 향했다는 이야기가 전해진다.

2부

서문

세르반떼스는 『돈끼호떼』 위작을 출판한 페르난데스 아베야네다를 비난한다. 생각만큼 신랄하지는 않게.

1부를 알고 있는 2부의 인물들.

신부와 이발사가 찾아와 대화를 나눈다. 돈끼호떼는 정신이 말짱한 것일까? 처음에는 그렇게 보였지만 기사로망 이야기가 나오자 그는 다시 광기에 빠져든다. 산초가 주인의 집을 방문해서 살라망카에서 공부하고 돌아온 산손 까라스꼬를 소개하며, 『라만차의 비범한 이달고의 모험』이라는 책이 출판되었는데, 사람들이 어떻게 '우리 둘만의 모험'을 알게 되었는지 모르겠다고 말한다. 산손 까라스꼬는 거기서 더 나가서 1부에 대한 독자들의 반응을 면밀하게 설명하고 심지어 1부가 출판된 도시들의 이름과 판매 부수까지 알려 준다.

똑똑해진 산초와 번역자의 의심

산초가 아내 떼레사 빤사에게 지난 모험을 들려 주며 대화를 나눈다. 떼레사 빤사는 똑똑해진 남편을 알아본다. 화자는 번역자가 이 이야기에 대한 원문의 진위를 의심했다고 말한다. 산초가 이렇게 지적인 남자가 될 수 있다니?

고향에 돌아온 지 한 달 만에 주인과 하인은 모험을 떠나 먼저 엘또보소로 향한다. 자정에 엘또보소에 도착한 돈끼호떼는 산초를 둘시네아 공주님의 궁전으로 보낸다. 지난번 꾸며댄 거짓말이 들통날까 걱정에 휩싸인 산초는 시간을 벌기 위해 주인을 마을에서 떨어진 떡갈나무 밑에 숨도록 한다. 주인과 가상의 둘시네아 사이에서 절망에 빠진 산초의 눈에 저 멀리서 당나귀를 탄 세 명의 시골 처녀들이 들어왔다. 산초는 한 아가씨의 발밑에 무릎을 꿇으며 주인이 소유하던 기사로망의 독백체로 가짜 둘시네아에게 칭송의 말을 바친다. 돈끼호떼 눈에는 그냥 시골 처녀였지만 어느새 산초 옆에서 무릎을 꿇는다. 한바탕 소동이 벌어진 후 돈끼호떼는 분노한다.

> "내게 끈질기게 따라붙는 불행은 내 영혼에 일말의 행운조차 허락하지 않는구나, 사악한 마법사가 둘시네아 님에게 마술을 걸어 저렇게 시골 처녀로 둔갑시킨 것이 틀림없다."

돈끼호떼는 더 이상 시각적 착각을 일으키지 않는다. 주막을 주막으로, 시골 처녀를 시골 처녀로 본다. 그러나 주막이 성이라고 믿으며, 성이 주막으로 보이는 것은 자신을 질투하는 마술사의 소행이라고 판단하고 싶어 한다.

거울의 기사와 돈끼호떼의 결투

산손 까라스꼬는 돈끼호떼를 집으로 돌려보내기 위해 거울의 기사로 변장하고 결투를 신청한다. 돈끼호떼가 뜻밖의 승리를 거두고, 거울의 기사는 복수를 다짐한다. 이 사건으로 돈끼호떼는 현재에도 기사로망의 세계와 편력 기사들이 존재하고 있음을 확신한다. 때때로 그렇게 보이지 않는 것은 마술사가 자신의 명예와 용맹함을 질투하기 때문이라고 믿는다.

몬떼시노스 동굴과 꿈 이야기

굵은 밧줄에 매달려 동굴 밑으로 내려갔던 돈끼호떼는 거의 잠에 빠져 있었고, 30분 만에 사촌과 산초가 그를 끌어 올리다. 돈끼호떼는 궁전에서 몬떼시노스라는 긴 수염의 노인을 만났던 꿈 이야기를 전해 준다. 몬떼시노스에 의하면, 히네브라 여왕과 란사로떼 등 많은 사람들이 이 궁전에서 유령으로 떠돌며 오직 라만차의 돈끼호떼가 부활하여 자신들을 메를린의 마술로부터 해방시켜 줄 것을 기다리고 있다는 것이다. (히네브라와 란사로떼, 마술사 메를린은 모두 기사로망의 유명한 캐릭터들이다.)

뻬드로 사부와 말하는 원숭이

돈끼호떼와 산초는 주막에 도착한다. (돈끼호떼는 주막을 더 이상 성으로 착각하지 않는다.) 원숭이가 마치 빼드로 사부처럼 말하는 것을 보고 주인과 종자는 몹시 놀라게 된다. 조용하게 연극을 즐기던 돈끼호떼는 갑자기 칼을 빼어들고 꼭두각시들을 공격해서 아수라장으로 만들어 버린다. 제 정신이 든 돈끼호떼는 마술사들이 연극을 사실로 받아들이도록 했다고 변명한다.

공작 부부의 궁전

2부에서 기사로망이란 무대를 준비하고 염원하는 사람은 돈끼호떼가 아니라 1부를 읽은 다른 사람들이다. 그들은 기사로망의 세계를 살아가는 돈끼호떼와 산초를 보고 싶어 한다.『돈끼호떼』의 1부를 읽은 공작 부부는 돈끼호떼와 산초와 더불어 시간을 보내며 즐거움을 얻고자 한다.

예를 들어, "메를린의 예언". 사냥 중에 악마로 위장한 하인이 마술사들은 태운 마차 행렬의 도착을 알려 준다. 도도한 분위기의 마차에는 둘시네아가 타고 있다. 현자 메를린이 돈끼호떼에게 희극적이면서도 경건한 톤으로 예언을 담은 시를 들려준다. 둘시네아가 마술에 걸려 촌스러운 시골 여자가 되었다는 것. 그녀를 마술에 풀려나게 하려면 산초가 3,300번의 매를 맞아야 한다. 또한 산초의 자유로운 의지에 의해 기꺼이 매를 맞을 때만 효과가 있다. 이 예언으로 두 사람의 관계에 변화가 발생한다. 주인의 설득과 하인의 저항 혹은 보상 요구.

산초의 편지

공작 부부의 성에서 산초가 테레사 빤사에게 편지를 쓴다. 끝에 1614년 7월 20일이라고 적어 둔다. 세르반떼스는 왜 날짜를 기록했을까? 아베야네다의 위작을 염두에 두었던 것일까? 위작보다 2부가 훨씬 먼저 집필되었다는 사실을 세상에 공표하기 위해서?

비행하는 목마

공작 부부의 성. 뜨리팔디 백작 부인이라는 별명을 가진 시녀장 돌로리다가 수염 달린 여자들을 대동하고 돈끼호떼에게 나타난다. 그녀는 깐다야섬으로 가서 거인 말람부르노의 마술에 걸려 각각 청동 원숭이와 철갑 악어로 변한 안또노마시아 공주와 돈 끌라비노를 마술에서 풀어 줄 것을 부탁한다. 거인과 대적하기 위해 시녀장 돌로리다는 비행하는 목마 끌라비레뇨를 준비한다. 주인과 종자는 눈을 가린 채 목마 위에 올라 하늘을 난다고 생각한다. 주인공들은 다리를 허우적거리며 우스꽝스런 대화를 나눈다. (여기서 기사로망을 패러디하는 것은 돈끼호떼가 아니라 공작의 하인들이다.)

바라따리아 섬의 성주가 된 산초

공작부부의 장난으로 산초가 바라따리아섬의 정식 성주가 된다. 요란한 환대 뒤에, 총독으로서의 자격을 시험하는 3가지 질문. 그에 대한 산초의 사려 깊은 대답. 총독 자격 절차를 합격한 뒤 산초는 섬의 어려운 문제들을 해결하는 솜씨를 보여준다. 어느 날 산초는 온갖 요리가 준비된 방으로 안내되지만, 성주의 건강을 염려하는 주치의의 지독한 간섭 때문에 거의 먹을 수 없게 된다. 산초가 주치의에게 애원하고 있을 때, 섬이 공격당하고 있다는 전갈이 전해진다. 가상의 혁명. 산초는 통치를 포기하고 다시 당나귀에 올라탄다.

> "모두들 그를 껴안고 울음을 터뜨렸는데 산초의 사려 깊은 말과 단호한 결심이 모두를 감동시킨 것이다."

돈끼호떼와 시녀장 도냐 로드리게스

고양이에게 상처를 받은 돈끼호떼는 엿새 동안 두문불출. 어두운 밤, 방에서 잠을 설치고 있는 돈끼호떼를 찾아온 도냐 로드리게스.(방안으로 스며든 달빛, 가장 아름답고 슬픈 장면) 그녀는 공작 부부의 성에 속한 인물 중 유일하게 돈끼호떼를 진짜 기사로 판단한다.

무어인 추방

산초가 총독의 자리를 버리고 주인을 찾아가는 길에서 옛 이웃이자 무어인인 리꼬떼를 만나게 된다. 리꼬떼는 실제 라만차에서 벌어졌던 1610년 7월 10일의 "무어인 추방" 선포 이후, 스페인에서 추방되었다가 몰래 스페인으로 돌아오던 중이었다. (기사로망의 환상을 살아 가던 돈끼호떼가 점차 역사와 도시의 세계로 들어가면서, 죽음이 그에게 다가오기 시작한다.)

바르셀로나로 가는 돈끼호떼와 산초

주인과 하인이 주막에 도착한다. 산초와 주막 주인의 엉뚱한 대화. 주막 주인은 모든 음식이 준비되었다고 하지만, 정작 음식을 준비하면 되는 것이 없었다. 옆방에 투숙한 남자들이 위작을 쓴 아베야네다에 대해 대화하는 것을 듣는다. 그들의 말에 의하면, 그 작품에서는 돈끼호떼가 둘시네아를 더 이상 사랑하지 않게 되었다는 것이다.

위작의 존재를 듣고 분노한 돈끼호떼는 여정을 사라고사에서 바르셀로나로 변경함으로써 그 작품이 위작임을 세상에 알리고자 한다. (1부를 끝내며 화자가 암시한 것처럼, 아베야네다는 돈끼호떼를 사라고사의 마상 대회로 데려간다. 아베야네다의 2부가 1614년 7월에 출판되었으니 2부 59장부터는 세르반떼스가 그 이후에 쓴 것이다.)

바르셀로나로 가는 길에서 두 사람은 실존 인물인 로케 끼나르 — 유명한 산적 대장이며 후에 스페인 군의 장교가 되는 — 를 만나 며칠을 보내고, 바르셀로나 항구에서는 실제 있었던 터키인과의 전투를 목격한다. (이 전투는 역사에 기록된 것이다.)

돈끼호떼의 패배와 귀환

하얀 달의 기사로 변장한 산손 까라스꼬가 결투에서 돈끼호떼를 물리치고, 패배를 인정한 돈끼호떼는 편력 기사의 삶을 포기하고 귀향길에 오른다.

> "돈끼호떼는 갑옷을 벗고 나그네 차림이 되었고, 산초는 자신의 나귀에 주인의 갑옷과 무기를 싣고 걸었다."

돈끼호떼와 산초가 위작의 인물 돈 알바로 따리페를 만나다.

고향으로 가는 길에, 주막에서 위작에 나오는 인물 돈 알바로 따리페를 만나다. 따리페는 돈끼호떼와 산초를 보고 위작의 주인공들이 가짜임을 증언한다.

돈끼호떼의 죽음과 이별

귀환한 돈끼호떼는 패배감과 슬픔에 찬 채, 아직도 둘시네아가 마법에서 풀려나기를 고대하면서 엿새 동안 신열로 누워있게 된다. 긴 잠에 빠졌다가 깨어난 돈끼호떼는 이렇게 말한다.

> "이제 나는 기사로망을 지독하게 읽은 탓에 휩싸였던 어둠에서 벗어나 이성을 찾았으며, 내 행동으로 사람들이 선하다 칭하던 그 알론소

끼하노로 돌아왔네."

알론소 끼하노는 친구인 신부에게 유언과 고해성사를 하고, 신의 부름을 기다린다. 산초는 주인의 발밑에서 눈물을 흘리며 이제는 목가 소설의 삶을 살자고 애원한다.

작가인 시데 아메떼 베넹헬리는 알론소 끼하노가 어디서 세상을 떠났는지 밝히고 싶지 않았는데, 호메로스의 고향을 두고 그리스의 일곱 도시가 경쟁했듯이, 주인공의 고향을 두고 라만차의 여러 마을이 경쟁하기를 원했기 때문이었다.

이제 돈끼호떼와 이 이야기의 저자인 시데 아메떼 베넹헬리는 독자에게 작별을 고한다.

부록 2: 검소한 연보

1547년 9월 29일, 성 미겔의 날 세르반떼스가 알깔라데에나레스에서 태어나다. 10월 9일 산따마리아 교회에서 영아 세례를 받다. 아버지 로드리고 데 세르반떼스는 바르베로였으며, 어머니 레오노르 데 꼬르띠나스는 꼬르도바 출신이었다. 세르반떼스는 7명의 형제 중 4번째였다.

1551-56 아버지 로드리고 데 세르반떼스가 가족을 이끌고 바야돌리드로 이주. 아버지가 빚을 지고 몇 달 동안 투옥된다. 청년 시절 세르반떼스에 대해서는 알려진 것이 없지만, 이후 세비야와 꼬르도바에서 학업을 이어간 것으로 보인다.

1556 가족이 마드리드로 이주하다.

1566-68 19살이 되면서 세르반떼스는 에라스무스주의자인 후안 로뻬스 데 오요스가 교장으로 있는 “마드리드 델라비아 에스뚜디오”에서 수업을 받는다. 세르반떼스의 문학적 작업을 확인할 수 있는 최초의 문건 1568년 10월 3일 펠리뻬 2세의 왕비 이사벨 데 발부아가 사망. 로뻬스 데 오요스 교수는 추모 문집을 발간한다. 학생들의 시로 구성된 이 문집에 세르반떼스가 쓴 네 편의 시가 수록된다. 스승은 문집에서 “나의 소중하고 사랑스런 제자, 미겔 데 세르반떼스”라고 소개한다.

1569 세르반떼스가 로마로 간다. 1569년 9월 15일자 형사 문서. 미겔 데 세르반떼스라는 젊은이가 마드리드의 왕궁 지역에서 미장이 안또니오 데 시구라에게 심각한 상해를 입힌 죄로 오른손 절단과 10년의 추방

형을 받는다. 범인은 현재 세비야로 도주했다. 같은 해 12월 22일에 로마에 있는 세르반떼스의 존재가 문서로 확인된다. 교황청 소속의 악꽈비바 신부의 시종으로 일하게 된다.

1570 세르반떼스가 나폴리에서 스페인 군에 입대한다.

1571 스페인과 영국 사이에 벌어진 레빤또 해전. 세르반떼스는 소총수였고 돈 디에고 데 우르비나 선단 소속의 병사였다. 기독교 연합군은 1571년 10월 7일 터키 해군에게 승리를 거두었다. 세르반떼스는 왼쪽 가슴과 팔에 총상을 입고 메시나로 후송되어 치료를 받았으나 왼쪽 팔이 불구가 된다. 스페인 함대 사령관 돈 후안 데 아우스뜨리아 — 펠리뻬 2세의 배다른 동생 — 는 세르반떼스에게 추천장을 하사한다.

1572 3월에 특별 대우 병사로 군에 복귀한다. 이 무렵 동생 로드리고가 군에 입대해 형과 함께 참전한다.

1573 10월 튀니지 정복 전쟁에 참전.

1575 9월 6일 혹은 7일, 세르반떼스와 동생 로드리고는 스페인으로 귀환하기 위해 나폴리를 떠난다. 모두 3척이 귀환 길에 올랐고 형제는 갤리선 솔에 승선했다. 9월 26일, 풍랑을 만나 솔이 다른 배들과 떨어진 상태에서 터키 해적의 공격을 받고 알제로 끌려간다.

1576 1월, 세르반떼스의 주도로 동생 로드리고를 포함해 모두 13명의 포로들이 탈출을 시도한다. 무어인 길잡이를 따라 오란의 스페인 주둔지까지 걸어갈 계획이었으나 길잡이의 배반으로 실패한다. 세르반떼스는 이후 3번 더 탈출을 시도하지만 모두 실패한다. 부모들이 구명 작전을 펼친다.

1577 부모가 모은 몸값을 가지고 메르세드 교단 신부들이 알제에 도착한다. 한 사람의 몸값밖에 되지 않았기 때문에 세르반떼스는 동생을 보내기로 한다.

1580 5월, 뜨리니다드 교단 신부들이 부모가 준비한 몸값을 가지고 알제에 도착. 몸값 흥정에 문제가 생겼으나 몇 달에 걸친 신부들의 헌신적인 노력으로 9월 19일 세르반떼스가 풀려난다. 10월, 마드리드에서 가족과 재회한다.

1580-87 희곡 집필에 몰두한다. 20편 이상의 희곡을 썼지만 대부분 남아 있지 않다. 유일하게 역사극 『누만시아의 포위』의 원고가 보관되어 있다가 사후에 출판되었다.

1582 세르반떼스가 라스인디아스 위원회에 신대륙 구직 신청서를 제출하지만 공석이 없다는 이유로 기각된다.

1583 배우와 희곡작가들이 자주 다니는 따베르나에서 유부녀인 아나비야프랑까를 알게 되고 사랑에 빠지게 된다.

1585 9월, 아나비야프랑까가 딸을 낳는다. 12월, 에스끼비아스에서 까딸리나 데 빨라시오스와 결혼한다. 까딸리나는 19살, 세르반떼스는 37살. 첫 작품인 목가 소설 『갈라떼아』를 출판한다. 아버지 로드리고 데 세르반떼스가 타계한다.

1587-1600 에스끼비아스에 아내를 두고, 안달루시아에서 무적함대를 위한 군수품 조달관과 세금 징수원으로 일한다.

1588 스페인 무적함대가 영국에게 패배한다.

1593 어머니 레오노르 데 꼬르띠나스가 타계하다.

1599 연인이었던 아나 비야프랑까 타계한다. 세르반떼스가 딸 이사벨을 키우기 시작한다.

1590 다시 신대륙 진출을 시도하지만 좌절된다.

1592 징수된 곡물을 허가 없이 판매한 혐의로 3개월 동안 세비야 감방에 투

옥된다. 투옥 중 처음으로『돈끼호떼』를 구상했던 것으로 보인다.

1592-97 『돈끼호떼』 집필을 시작한다.

1600 안달루시아 생활을 그만두고 가족과 합류하다. 동생 로드리고가 두나스 전투에서 전사하다.

1603 새롭게 구성된 가족들과 바야돌리드에 거주한다. 아내, 딸 이사벨, 누이들인 안드레아와 막달레나, 안드레아의 딸 꼰스딴사.

1604 9월 26일『돈끼호떼』출판을 위한 왕실 허가서가 나왔을 때 세르반떼스의 나이는 57살이었다.

1605 서적상 프란시스꼬 데 로블레스가『돈끼호떼』1부를 출판한다.

1606 세르반떼스의 가족이 마드리드로 이주한다.

1607 『돈끼호떼』가 해외에 알려지고, 벨기에의 한 출판인이 판권을 구입한다.

1609 세르반떼스가 "올리바르 에스끌라보스 신성교단"의 회원이 되면서, 귀족 사교 클럽의 일원이 된다.

1610 세르반떼스가 몇 달 동안 바르셀로나를 여행한다.

1612 런던에서 토마스 셸턴(Thomas Shelton)의 번역으로『돈끼호떼』영역본이 출간된다.

1613 『모범소설집』이 출간된다.

1614 7월, 알론소 페르난데스 데 아베야네다가『돈끼호떼』의 속편의 위작을 출간한다. 위작 작가의 이름은 존재하지 않는 것으로 판명된다.『빠르나소 여행』이 출간된다.

1615 『돈끼호떼』2부가 출간되다.『8편의 꼬메디아와 8편의 엔뜨레메스』가

출간된다.

1616 세르반떼스가 4월 23일 마드리드에서 타계하다. 뜨리니따리아스 데스깔사스 수도원에 묻히다.

1617 미망인 까딸리나 데 빨라시오스의 노력으로 소설 『뻬르실레스와 세히스문다의 모험』이 출간된다.

1626년 까딸리나 데 빨라시오스가 타계하다.

참고 문헌

Cervantes Saavedra, Miguel de, El ingenioso hidalgo Don Quijote de la Mancha, Madrid: Castalia, 1990. (1605)

______________, El ingenioso caballero Don Quijote de la Mancha, Madrid: Castalia, 1990. (1615)

______________, Novelas Ejemplares, Madrid: Cátedra, 2003.

______________, Obras Completas, Madrid: Aguilar, 1970.

______________, Ocho Comedias y Ocho Entremeses, Madrid: Cátedra, 1985.

______________, Los trabajos de Persiles y Segismunda, Madrid: Castalia, 1969.

______________, Viaje al Parnaso, Barcelona: Linkgua, 2001.

______________, El cerco de Numancia, Madrid: Cátedra, 1990.

______________, La Galatea, ed. de Juan Bautist Avalle-Arce, Madrid: EspasaCalpe, 1961.

Arrabal, Fernando, Un esclavo llamado Cervantes, Madrid: Espasa-Calpe, 1996.

Astrana Marín, Luis, Vida ejemplar y heroica de Miguel de Cervantes Saavedra, 7 vols., Madrid: Reus, 1948-1958.

Bautista, Avalle-Arce, Don Quijote como forma de vida, Madrid: Castalia, 1976.

Casaduero, Joaquín, Sentido y forma del Quijote, Ínsula, 1973.

Castro, Américo, El pensamiento de Cervantes, Madrid: Crítica, 1987.

Combet, Louis, Cervantès ou Les incertitudes du désir: une approche psychostructurale de l'oeuvre de Cervantés, Lyon: Presses Universitaires de Lyon, 1980.

Dale, Wasseman, Man of La Mancha: a musical play, Random House, 1966.

Díaz, Lorenzo y Cabañas, José Luis, La cocina del barroco: la gastronomía del Siglo de Oro en Lope, Cervantes y Quevedo, Madrid: Alianza, 2003.

Jones, R.O., Historia de la literatura española: Siglo de Oro, Prosa y Poesía, Barcelona: Ariel, 1992.

Madrid, Lelia, Cervantes y Borges: la inversión de los signos, Madrid: Pliegos, 1987.

Martínez Mata, Emilio, Cervantes comenta El Quijote, Madrid: Cátedra, 2008.

Ortega y Gasset, José, Meditaciones del Quijote, Madrid: Alianza, 1981.

Riley, E.C., Introducción al Quijote, Barcelona: Crítica, 1990.

Riquer, Martín, Cervantes en Barcelona, Barcelona: Sirmio, 1988.

Rosenblat, Angel, La lengua del Quijote, Madrid: Gredos, 1978.

Torrente Ballester, Gonzalo, El Quijote como juego, Madrid: Guadarrama, 1975.

Trapiello, Andrés, Las Vidas de Miguel de Cervantes, México D. F.: FCE, 2005.

Unamuno, Miguel de, Vida de Don Quijote y Sancho, Madrid: Cátedra, 1988.

『라만차의 비범한 이달고 돈키호테』, 전기순 역, 펭귄클래식, 2016.

『기발한 시골양반 라만차의 돈끼호떼』, 민용태 역, 창비, 2005

『세르반테스 모범소설』, 박철 외, 오늘의 책, 2003.

『세르반테스의 8편의 막간극』, 박철, 연극과 인간, 2004.

『사랑의 모험』, 조구호 외, 바다출판사, 2000.

『누만시아』, 김선욱, 책세상, 2004.

빌 브라이슨, 『셰익스피어 순례』, 까치, 2009.

세르반떼스를 찾아서

초판 인쇄 2022년 2월 20일
초판 발행 2022년 2월 28일

지은이 전기순
발행인 고영훈 Director, University Knowledge Press
편집장 신선호 Executive Knowledge Contents Creator
도서편집 장혜정 Contents Creator
이근영 Contents Creator
디자인 우승민 Designer
한지 Designer
재무관리 조아라 Managing Creator
정예찬 Managing Creator
사전·홍보물 장지혜 Contents Creator
발행처 한국외국어대학교 지식출판콘텐츠원
02450 서울특별시 동대문구 이문로 107
전화 02)2173-2493~7
FAX 02)2173-3363
홈페이지 http://press.hufs.ac.kr
전자우편 press@hufs.ac.kr
출판등록 제6-6호(1969. 4. 30)
인쇄·제본 (주)트윈벨미디어 02)2088-1810

ISBN 979-11-5901-884-8 [03870] 정가: 13,000원

* 잘못된 책은 교환하여 드립니다.

HU:iNE 은 한국외국어대학교출판부의 어학도서, 사회과학도서, 지역학 도서 Sub Brand이다. 한국외대의 영문명인 HUFS, 현명한 국제전문가 양성(International+Intelligent)의 의미를 담고 있으며, 휴인(携引)의 뜻인 '이끌다, 끌고 나가다'라는 의미처럼 출판계를 이끄는 리더로서, 혁신의 이미지를 담고 있다.